Por que Pensamento Positivo é coisa para Pessimista?

LUIZ CARLOS AMORIM

Por que *Pensamento Positivo* *é coisa para* *Pessimista?*

NOVA ERA

Rio de Janeiro
2004

CIP-Brasil. Catalogação-na-fonte
Sindicato Nacional dos Editores de Livros, RJ.

Amorim, Luiz Carlos, 1964-
A544p Por que pensamento positivo é coisa para pessimista?: exercite o sentimento positivo e mantenha seu corpo e sua mente em forma / Luiz Carlos Amorim. – Rio de Janeiro: Record: Nova Era, 2004.

ISBN 85-01-06943-4

1. Controle da mente. 2. Terapia sugestiva. 3. Pensamento Novo. 4. Corpo e mente. I. Título.

CDD – 158.1
04-0463 CDU – 159.947.3

Preparação e redação final do texto: Valéria Prest

Nota do editor: As informações nutricionais sugeridas na Parte 2 visam ao bem-estar do leitor. Recomendamos, porém, que qualquer mudança de hábitos alimentares tenha o acompanhamento de um médico ou nutricionista.

Direitos exclusivos desta edição reservados pela
DISTRIBUIDORA RECORD DE SERVIÇOS DE IMPRENSA S.A.
Rua Argentina 171 – Rio de Janeiro, RJ – 20921-380 – Tel.: 2585-2000

Impresso no Brasil

ISBN 85-01-06943-4

PEDIDOS PELO REEMBOLSO POSTAL
Caixa Postal 23.052
Rio de Janeiro, RJ – 20922-970

EDITORA AFILIADA

O sucesso está dentro de você, e para atrair a felicidade completa é preciso sentir, de verdade, cada exercício, cada palavra. E o melhor: realizar, materializar a vontade interior, aquele desejo que grita a cada dia.

Este livro é dedicado a todos aqueles que conseguirem senti-lo com os olhos da alma, muito além da compreensão racional.

Agradeço ao Rei Roberto Carlos
pela inspiração e exemplo de vida.

Sumário

Introdução

Este livro apresenta uma nova dimensão do ser, mostrando que o poder do sentimento é um fato, o que nos possibilita abraçar a sabedoria em vez da ignorância. Seu compromisso é libertar a mente do homem — sempre acostumado a escravizá-la —, jamais entrando em novas áreas do cérebro, mas despertando as mais antigas.

Você conhecerá o verdadeiro caminho dos poderes de antigos alquimistas e magos. Nada mais curioso que a descoberta da harmonia entre os opostos e complementares, entre o desequilíbrio e o equilíbrio, entre a alegria de viver e a tristeza, entre a força e a apatia. É um livro que fala de vida, emoções, sentimentos, razão e também de cuidados com o corpo físico. Trata do amor que devemos cultivar não só por nós mesmos e pelo que comemos, sentimos e dizemos, mas pelo que doamos ao nosso semelhante.

O ser humano vem se distanciando do sentimento, mostrando frieza nas emoções, racionalizando tudo e se individualizando cada vez mais, e esta obra tem a proposta de reverter essa situação. Iremos estimular noventa por cento dos seus neurônios por meio de exercícios, comprovando os resultados com o inacreditável poder do sentimento humano. Potencializaremos seus recursos naturais com testes de criatividade, visualização e percepção tátil e auditiva. E você terá a rica oportunidade de transformar sua vida.

Esse aprendizado lhe tornará possível ampliar sua compreensão do ambiente em que vive e daqueles com quem se relaciona. Você comprovará que muitos males manifestados fisicamente têm origem nos sentimentos e nas emoções reprimidas, escondidas e sufocadas. Por que não deixar, então, que o sentimento trabalhe por você? É tão simples quanto genial.

O pensamento não é nada se comparado ao sentimento. Ele é como uma idéia e, como tal, pode ser extraído da cabeça, porque está ligado ao racional. Além de não realizar nada, ele vai e vem, não é algo fixo. A mente racional é subjugada pela emocional: você não pára de sentir só porque quer, mas pode deixar de pensar ao se distrair com uma coisa e outra, não é verdade?

A teoria do pensamento positivo é uma tremenda tapeação, só serve para deixar a pessoa mais pessimista. Vou dar um exemplo.

Meu irmão caçula comprou um famoso livro sobre o pensamento positivo, acreditando que este o ajudaria a tirar a carteira de motorista. No dia da prova de direção, ele acordou mais cedo e começou seu processo de autoconvencimento por meio de várias frases feitas, as quais decorou e repetiu à exaustão, quase como um papagaio, até o momento do teste. Algumas delas: "hoje, sob todos os pontos de vista, estou cada vez melhor, melhor e melhor", "já passei na prova, a carteira já está na minha mão; é minha, ninguém vai tirá-la de mim", e assim por diante. Era de esperar que na hora do exame meu irmão ficasse tenso, e foi o que aconteceu. Ele cometeu erros banais, resultado: pensamento nota dez, sentimento zero. E, claro, não passou, o que o levou a desenvolver um sentimento pessimista de incapacidade. Então, como segunda chance, ajudei-o a trabalhar somente o sentimento. Nenhuma reza ou palavra repetida sem sensibilidade, nada de chavões; enfim, nada tão cartesiano, tão racional — a fórmula estava só no sentimento. Assim, meu irmão conseguiu ser aprovado com muita tranqüilidade.

Temos que aceitar o fato de que algumas vezes fazemos coisas irracionais, ilógicas mesmo, porque somos extremamente emocionais. Quando vi um amigo vegetariano comer carne vermelha, imediatamente lhe perguntei o porquê daquela atitude. E ele me disse que quando está com fome não consegue pensar. Achei o fato esquisito e preferi não fazer comentários, mas trata-se de um excelente exemplo para mostrar que o sentimento sempre fala mais alto. Sabemos o que é certo; porém, quase sempre, nos deixamos levar pelo primeiro impulso que sentimos.

"Penso, logo existo", outra frase furada, criada por Descartes, um filósofo racionalista, que, no amor, provavelmente não usava nem a razão nem o pensamento. Essa frase deveria ser reformulada para: "Sinto, logo existo." Por que tudo tem que ser tão lógico e racional? Nem você, leitor, nem eu precisamos de regras para viver, só necessitamos do pensamento para entendermos coisas simples, tais como: se um homem casado está tendo uma relação extraconjugal, significa que ele e a esposa substituíram os valores que cultivavam no início do romance por outros. Não há mais encantamento, espontaneidade e emoções livres entre eles, restando apenas o hábito da convivência. Geralmente dizemos, em uma linguagem mais popular, que ambos se tornaram apenas "irmãozinhos". Dá para entender? O sentimento que um tinha pelo outro não é mais o mesmo.

Lembre-se: o computador pensa; mas, por não ter sentimento ou emoção, está muito longe de apresentar a capacidade encontrada em apenas um ser na face da Terra, o ser humano. O filme *A.I., Inteligência Artificial* — na minha opinião, um marco na história do cinema — mostra claramente o que digo. A lente visionária do genial diretor Steven Spielberg apresenta um tempo futuro, no qual é possível criar robôs com formato de humanos. Nessas máquinas, contudo, não é permitida a presença do sentimento — a herança mais pura dos humanos.

Pois é, tudo aquilo que você desejar conquistar tem que partir, primeiramente, do coração — do seu desejo mais puro, mais vivo. Não racionalize nem por um segundo sequer. A maneira que você utilizará para alcançar seu objetivo não vem ao caso, é preciso apenas que se deixe levar por toda aquela gostosa sensação que invade sua mente, seu corpo e sua expressão. E assim você notará, facilmente, que as coisas apenas acontecem. Quer um exemplo? Pensar numa maçã é diferente de senti-la, não é mesmo?

Amplie seu sentimento. Use-o.

Se você quer um carro novo, vá à loja, namore-o; se puder, sinta o cheiro dele, faça um teste *drive*. Mantenha essa paixão pulsando dentro de você. Vai tê-lo mais rápido do que imagina. Não pense em como irá consegui-lo ou se já tem a quantia necessária para isso ou não — essa atitude não é eficaz nesse momento. Não precisa pensar no carro, apenas o sinta, e pronto!

"Já parou para pensar?" Acho que todos nós já ouvimos essa frase repetidas vezes. Sem dúvida, é a melhor tradução da nossa mente racional. Se você se deixar estagnar e ficar medindo os resultados de suas conquistas, não realizará nada. Ficará especulando, interpretando os obstáculos e deixando de, simplesmente, experimentar. Pois bem, você não precisa parar de agir para poder sentir. Sinta em movimento mesmo, isso não congestionará seus neurônios. Tentar resolver uma equação de álgebra enquanto dirige um carro não é tão diferente de tentar assobiar e chupar cana ao mesmo tempo.

Muitas pessoas acreditam que, para pensar bem e tomar decisões corretas, é preciso manter a cabeça fria e afastar todos os sentimentos e emoções, e até se isolar para ver a situação sob várias formas. E há também quem peça conselhos, trace metas, questione, investigue. Tais comportamentos são um grande equívoco, pois somos seres emocionais, e não racionais. A emoção bem trabalhada desperta a intuição, ou seja, a porta que precisamos abrir para encontrar nossos poderes.

PARTE 1

O poder do sentimento e a realização dos sonhos

Capítulo 1

Olhe para dentro de você: aí está o sucesso

O sucesso está ligado à popularidade, por isso não seja pão-duro com você mesmo. Não economize investimentos e esforços para melhorar; afinal, o sovina não é nada atraente no que diz respeito à sedução.

Mestre é aquele que aprende e não quem ensina, porque a autoridade vem dos fatos e não de quem os transmite. A verdadeira sabedoria é irmã da humildade. De que adianta pronunciar palavras rebuscadas e de difícil compreensão para o interlocutor? A mensagem ganha muito mais eficácia quando proferida com simplicidade. Assim, todos são capazes de entendê-la, tanto os leigos quanto os que possuem mais conhecimento sobre o assunto. Não devemos ter nenhum compromisso com o sucesso — viver é apenas viver, distante das paixões, do poder, da riqueza e da fama. Se você insistir nessa idéia, não passará de um escravo de ilusões momentâneas, não comandará sua vida e estará próximo de usar subterfúgios para manter-se calmo e equilibrado. É por esse motivo que algumas pessoas passam a consumir uma série de drogas, como calmantes, antidepressivos e alucinógenos.

No que se refere ao amor, desfrutamos desse sentimento nobre quando somos bons e verdadeiros ao mesmo tempo. Não se trata de um sentimento para ser mendigado ou comprado, mas sim conquistado. Caso contrário, apenas viveremos situações fantasiosas, sofreremos uma eterna insatisfação e, em casos extremos, poderemos até chegar às raias da loucura justamente por não contarmos com o amor tão sonhado. E quem não se lembra de um caso ocorrido no estado de São Paulo, em que um empresário cometeu suicídio diante da namorada, uma atriz brasileira de grande sucesso? Ou do editor de um grande jornal paulista que assassinou a namorada, também jornalista?

Muitas pessoas que se encontram no pedestal do poder e da riqueza se esquecem de boa parte das lições que valorizam o equilíbrio interior, como respeito pelas coisas e pelo próximo. Há também quem despreze a naturalidade e acredite ser uma espécie de deus, comportando-se acima do bem e do mal. Para esses casos, existe uma lei implacável que rebaixa o tolo e exalta o humilde. Quer exemplos? Vou citar dois nomes e, imediatamente, você se lembrará de histórias de poder e fracasso. Fernando Collor de Melo e Nicolau dos Santos Neves. Um ex-presidente da República e um ex-juiz — personalidades que receberam o reconhecimento da sociedade, usufruíram os benefícios proporcionados pelo sucesso e que, da noite para o dia, foram condenadas pelo mesmo público que as aplaudiu.

Quando abordamos o universo da fama, o uso de drogas se revela uma prática mais do que comum. Grandes nomes da música, como Elvis Presley, por exemplo, sucumbiram a esse mal. Ah! Você acha que estou viajando na imaginação e que não acontecerá com você? Talvez hoje não, mas e amanhã, quem sabe? Jamais poderemos afirmar com absoluta certeza que esse tipo de problema não nos atingirá. Somos seres emocionais e suscetíveis a abalos existenciais provocados pelas reações que manifestamos às situações que se apresentam diante de nós a cada minuto. Este é o mundo das possibilidades, sinta-as!

Ser diferente é ser livre. Existem o conhecido, o desconhecido e o inexplicável, e o vazio faz parte do mundo. Jamais possuiremos a totalidade, seja em relação à saúde, seja em relação ao que for — algo sempre estará faltando. Se o seu problema é dinheiro, na verdade o que lhe falta é comida; se você tem dinheiro, pode ter carência de saúde; se tem saúde, então seu problema pode ser sexual. Reparou como estamos sempre querendo algo mais?

A fórmula do sucesso

Você já deve ter ouvido ou dito que a fórmula do sucesso não existe e que, se existisse, seria algo muito subjetivo, pois o sucesso depende do ponto de vista de cada um. Ele está ligado ao modo como cada ser humano encara seus desafios, como reage às situações adversas ou como recorre à sua fé e às suas crenças. Alguns vão mais longe, dizendo: "Não conheço a fórmula do sucesso, mas a do fracasso com certeza é querer agradar a todos!"

Garanto a você que essa fórmula não apenas existe, como é bastante objetiva e está ao alcance de todos, principalmente daqueles que desejam melhorar! Que tal experimentá-la?

Primeiro passo — Empregue sentimento para alcançar o que você deseja:

- Sinta o que quer como se estivesse apaixonado, isto é, desenvolva esse sentimento pelo que deseja obter.
- Não se preocupe com os meios para conseguir o que você quer, isso é racional demais.
- Sinta, visualize e imagine o que você deseja — essa atitude une sua aura à do objeto. Namore-o despreocupadamente.
- Não seja relapso com seus sentimentos.
- Evite preocupações; além de serem racionais, elas impedem o sentimento de pulsar livremente.
- Relaxe! O sentimento age melhor quando o corpo está tranqüilo.
- Não se prenda ao tempo. Quando se está apaixonado, o tempo, além de não importar, parece não ser notado.

Segundo passo — Os brasileiros são muito competentes, esbanjam criatividade; alguns, porém, precisam melhorar seu amor-próprio. Sentimentos otimistas elevam o estado de espírito, pois deixam entrar em nossa vida a luz brilhante da esperança e da felicidade, proporcionando-nos aquela sensação inexplicável de plenitude e contentamento. Habituei-me a ter sentimentos estimulantes e otimistas todos os dias, visualizando-os enquanto são absorvidos pela minha consciência. Sei, por experiência própria, que pouco a pouco esses sentimentos vão se infiltrando e acabam por afetar o meu comportamento, deixando-me com um astral altíssimo. Lembre-se: se o medo faz a perna tremer, a esperança faz a perna andar e até correr. Sinta-se leve!

Terceiro passo — Opte pelo equilíbrio, pelo caminho do meio. Para que um violão produza um bom som, é preciso afiná-lo: se suas cordas estiverem muito frouxas, o resultado será ruim; se estiverem esticadas demais, poderão arrebentar. Muitos casos de perfeita combinação e alquimia interior podem ser mencionados: entre a covardia e o arrojo está a coragem; entre o pão-duro e o perdulário, a paz de espírito; entre a humildade e o orgulho, a modéstia; entre o pensar e o sonhar, o sentir; entre a casmurrice e a palhaçada, o bom humor; entre a indecisão e a impulsividade, o autocontrole. Assim, você já descobriu as palavras que contribuirão para a sua conscientização: coragem, paz de espírito, modéstia, sentimento, bom humor e autocontrole. Inclua-as, agora, em seu dicionário.

Quarto passo — Quer saber como uma pessoa adquire um bom caráter? Observe este exemplo: existem dois tipos de pessoas — o ser humano e o vendedor. E, acredite, há mais vendedores que seres humanos. O ser humano expõe suas idéias e seus ideais, enquanto o vendedor os impõe.

O vendedor passa por cima do que o outro quer, esquecendo-se dos interesses e necessidades do próximo, e para isso usa estratégias. Seu comportamento é típico: quase sempre conduz as pessoas, e sabe o que quer conseguir delas.

Dentro de você, leitor, há algo que luta para ser sincero. Mas o que você precisa perguntar a si mesmo é se há sinceridade em sua vida. Observe que pregar sobre Jesus não é diferente de pregar em relação a carros, eletrodomésticos ou vantagens materiais. Não importa se alguém vende Jesus, Buda, Maomé ou outra figura histórica. Também pouco importa se ganha dinheiro vendendo imóveis. Isso não faz dele um ser humano — essa prática o torna um vendedor, uma espécie de *expert* na sua própria imagem, aquele a quem chamamos de marqueteiro.

Se você quer falar com alguém como ser humano, pergunte sobre os filhos da pessoa, descubra quais são seus sonhos, mas apenas para saber — sem induções ou segundas intenções. Comunique-se com o coração livre, nada mais. No instante em que você tentar insinuar um assunto e direcioná-lo, o diálogo deixará de ser uma conversa para ser uma estratégia; e você não estará sendo um ser humano, mas um vendedor.

O caráter, por exemplo, não se mede pela expressão do nosso rosto — trata-se de uma questão bem mais profunda.

Você já descobriu se é um ser humano ou um vendedor?

E, sinceramente, se você não teve motivos para se arrepender de nenhuma de suas ações, provavelmente está cometendo um grave engano, e talvez nem se lembre de todas elas. Mas, se perceber que já agiu com insensatez, você desejará que o tempo volte e comprovará que é tarde demais. Essa análise é o espelho de sua boa índole, principalmente por permitir que a franqueza saia de seu interior. E o seu rosto refletirá, momentaneamente, essa conquista.

Quinto passo — Acreditar para ver. Por trás de cada vitória, existe uma palavra mágica: *acreditei*. Tudo em que você crê — tudo o que você determina como palpável, e não como sonho distante — é realizado.

Sexto passo — "Amar o próximo como a si mesmo." Calma, não é preciso sair pelas ruas abraçando e beijando todos nem perdoar seu inimigo ou desafeto somente da boca para fora. Isso é falsidade consigo mesmo, com os seus sentimentos. A dica é simples: basta ter latentes em seu coração intenções altruístas, como compaixão e caridade. O maior beneficiado é você mesmo, que terá uma compensadora sensação de paz de espírito.

Sétimo passo — No fim das contas, viver feliz e de bem com a vida é a única maneira de ser visto e aplaudido pela maioria.

Usando os sonhos para resolver problemas

É importante levar o sonho a sério, mas de uma forma positiva, sem estresse e cobrança. Naturalmente, como uma meta a ser alcançada.

Em primeiro lugar, uma pergunta: que liberdade temos quando sonhamos? Toda a liberdade, é claro! A consciência se expande e tudo se ilumina. Nada de barreiras de tempo, limitações de espaço ou leis da lógica. O que criamos é unicamente nosso. Um ser humano sem sonhos deve ser considerado um zumbi — um ser sem ambições, sem desafios, sem entusiasmo. Algumas pessoas dizem que não sonham, mas isso não é verdade, pois todos nós sonhamos, porém nem sempre nos lembramos das cenas quando acordados.

A interpretação dos nossos sonhos fornece soluções surpreendentes para questões cotidianas. Colocamos em ação uma faculdade mental mais apurada, que nos proporciona imediatamente uma interpretação intuitiva da realidade. Ao ouvir por telefone o relato de um leitor de meus livros, notei facilmente como ele fizera uso da sensibilidade aguçada. Ele me contou que sonhara que estava sendo mordido por um cachorro. Sua sensibilidade interpretou: cachorro representa amigo, pois dizem que esse animal é o melhor amigo do homem. Contudo, tratava-se de algo diferente, uma vez que ele estava sendo mordido, ação associada à traição (neste caso, de um amigo), cuja representação figurativa é a cobra. O leitor, então, jogou no número da cobra, e deu no primeiro prêmio. Para garantir, ele também jogou no número do cachorro;

em vão, claro, mas um pouco de segurança sempre é bom, não é mesmo?

Existem duas etapas no que se refere ao controle dos sonhos. Primeiramente, antes de dormir, procure entrar num nível de relaxamento (o que os especialistas definem como aprofundamento mental): relaxe respirando lenta e profundamente dez vezes, contando cada respiração mentalmente em ordem decrescente, de dez até um.

Em seguida, passe para a aplicação dos recursos de sua mente, repetindo para você mesmo: "Se for importante para o meu equilíbrio físico e psicológico, vou lembrar-me com nitidez do sonho ou sonhos que tiver durante a noite, acordando e, calmamente, pegando lápis e papel, que já estarão a meu lado, para anotá-los na hora em que ocorrerem. Assim, amanhã de manhã, quando eu despertar, poderei me lembrar deles e entendê-los ou mesmo anotá-los naquele momento. Então, passarei lentamente ao sono."

A prática dessa técnica lhe proporcionará capacidade para compreender o significado de seus sonhos, fornecendo-lhe uma espécie de pressentimento sobre o significado deles. Esse sexto sentido freqüentemente é a forma que nosso subconsciente encontra para se comunicar conosco. Não ouvimos, mas sentimos aquela voz interior.

Com esse treino, você desenvolverá cada vez mais a autoconfiança. Se tiver paciência e praticar diariamente, descobrirá um de seus recursos mentais mais preciosos: os sonhos premonitórios. Eles acontecem com mais freqüência no final da noite, quase de manhã.

Eu poderia relatar diversos casos em que os sonhos foram de utilidade para mim e para outras pessoas que souberam entendê-los e interpretá-los, assim como outras situações em que isso não aconteceu. Contudo, comentarei somente um episódio engraçado, o de uma amiga que gosta de apostar no jogo do bicho, Leila Popolim.

No dia 5 de setembro de 2001, Leila acordou logo após ter sonhado com um cachorro. Levantou-se e foi fazer uma caminhada. No percurso, encontrou uma nota de cinco reais no chão, e um cão *husky* siberiano a acompanhou até sua casa. Ela não deu importância ao fato nem notou que era um aviso. No dia seguinte, por acaso, foi conferir o resultado do jogo: dera cachorro, número cinco. Que pena!

A imaginação criativa

Para conseguir o que quer, a imaginação lança-se diretamente sobre o objetivo. Ao incentivar esse recurso — alimentado com o desejo e o sentimento puros — e treinar a visualização de seus objetivos de forma que possa vê-los, senti-los, prová-los e tocá-los, você obterá o que deseja.

Você já sabe que o emocional é mais forte que o racional. Com isso, produzimos a imaginação criativa, isto é, o *desejo*; enquanto o aspecto racional cria pensamentos — um simples *querer*. Observe este exemplo: se eu quiser me sentar diante do computador e escrever das sete horas da manhã às dez horas da noite, provavelmente não conseguirei, pois sentirei muita fadiga; por outro lado, se eu desejar fazer isso, será até prazeroso.

Se você acha que quer abandonar um mau hábito, é possível que esteja se enganando. Caso você realmente quisesse fazer isso, ele desapareceria por si mesmo. Mais do que querer se livrar do mau hábito, o que você deveria querer são os benefícios que obteria ao abandoná-lo. Uma vez que aprenda a desejar esses benefícios com a intensidade e a força necessárias, você ficará livre do hábito *indesejado*.

Pensar em seu hábito, e firmemente resolver abandoná-lo, poderá ligá-lo a ele com mais intensidade. Ocorre algo parecido, por exemplo, quando uma pessoa decide resolutamente que vai adormecer: a própria solidez de sua decisão pode mantê-la acordada, isto é, induzi-la naturalmente ao comando oposto.

Agora, sinta como tudo isso pode ser usado a seu favor. Se você sofre por não ter dinheiro o suficiente, o primeiro passo é examinar o problema no nível exterior. Imagine: quem trabalha demais não tem tempo para ganhar dinheiro.

Mas por que você deseja melhorar sua situação financeira? Comprovou que não tem tudo de que precisa, ou que sua saúde está sendo afetada por isso, ou simplesmente pensa que sendo mais rico se tornará mais atraente? Se você já tem dinheiro em quantidade modesta mas suficiente e se já faz tudo o que pode para suprir suas necessidades, meu conselho é: continue como está. Nesse caso, insistir em ganhar dinheiro seria uma agressão desnecessária à arte do viver. Além disso, provavelmente há problemas maiores e oportunidades mais importantes em sua vida que merecem mais de sua energia.

Se, por acaso, você está seguro de que realmente deseja ganhar mais dinheiro, a primeira iniciativa é analisar todos os benefícios que obterá — não somente proveitos gerais, do tipo "ficarei mais rico", para estimular um mero capricho ou vaidade, mas os benefícios concretos. Melhor ainda: se, ao desejar, você envolver os sentidos, sem dúvida sua força será potencializada. Veja a seguir como praticar com alguns deles.

Visão — Tire fotos ao lado de carrões, lanchas, mansões, dinheiro (aquelas fotos de montes de dinheiro que saem nas revistas são exemplos excelentes) ou em lugares paradisíacos; enfim, perto de tudo o que você gostaria de ter agora.

Tato — Procure os objetos para tocá-los, estabelecer contato com eles, passar-lhes a mão de leve. Exercite o seguinte método: sinta-se, imagine-se e visualize-se usando o objeto que você aprecia, deixe seus sentimentos fluírem e, depois, tente manter essas sensações em seu interior ao máximo. Os resultados surgirão muito mais rapidamente do que você pensa.

Audição — Fantasie o que as pessoas que são importantes irão dizer sobre você, suas atitudes e o seu sucesso — imagine frases entusiasmadas e que proporcionem uma deliciosa sensação de bem-estar.

Lembre-se: a utilização desses sentidos serve para estimular as emoções para uma completa visualização. Crie nessa tela mental a imagem de como você vai ficar animado e confiante quando estiver tão rico quanto deseja.

Com tudo isso vivo e pulsando em sua mente, pratique a Técnica de Aprofundamento Mental — TAM-10 e, em seguida, realize a Aplicação dos Recursos da Mente — ARM. Calma, não são fórmulas tão complicadas assim. Vou explicá-las.

Para executar a TAM-10, respire tranqüila e profundamente dez vezes, contando cada respiração mentalmente em ordem regressiva, de dez até um. Em seguida, passe para a ARM, criando uma imagem mental de como você está no momento. Lentamente, vá desintegrando essa imagem e integrando cenas de riqueza e de tudo o que estiver ligado a ela. A prática desta técnica trará naturalidade e esta naturalidade é que permitirá um bom resultado. Esqueça os compromissos, ou melhor, agende-os somente para depois de seus exercícios.

Enquanto você sente e visualiza sua nova imagem, invente todos os detalhes que possam se relacionar à riqueza. Que sensação você terá, por exemplo, ao pagar uma conta de restaurante, viajar ou comprar um relógio caríssimo? Demore o tempo que for necessário experimentando os benefícios da prosperidade e da fartura. Sinta tudo isso, e com bastante intensidade.

Lembre-se de utilizar os sentidos da visão, tato e audição do modo descrito anteriormente. Preste bastante atenção na maneira como se comporta por ter alcançado seu objetivo, pois essa imagem servirá de alavanca para você conquistar o que quer.

Essa técnica deverá ser repetida três vezes seguidas, e por

cinco minutos a cada vez. Não seja pão-duro para alcançar seu objetivo, mas também não seja perdulário; e não destrua sua credulidade achando que já na semana seguinte desfrutará de todas as regalias de um milionário, que ganhará na loteria ou que irá ao shopping esbanjar dinheiro. Isso não é mágica, contudo aí vai um consolo: é muito verdadeiro, se levarmos em consideração que a mágica é uma ilusão.

O sucesso da técnica depende de sua determinação e da repetição dos exercícios. Caso contrário, trata-se da mesma coisa que comprar uma bicicleta ergométrica com a intenção de perder peso e, em poucos dias, transformá-la em cabide — obviamente, a boa forma física ficará para depois.

Pratique os exercícios com regularidade. Lembre-se: você tem que fazer diariamente a sua ginástica mental!

Amor-in, uma nova lei para alcançar a prosperidade

Imagine passar a vida acreditando na lei de Murphy* e, então, repentinamente, descobrir que ela não existe; mas que no seu lugar há a lei Amor-in (você sente que tudo dará certo, e tal sentimento produz essa sensação durante todo o dia, abrindo seus caminhos, protegendo-o de assaltos e de ciladas em negócios e atraindo tudo o que há de melhor no universo). Essa re-

*Segundo a lei de Murphy, "se algo pode dar errado, dará, e na pior hora possível". O certo, em nosso caso, é: "Se algo pode dar certo, dará, e em qualquer momento que desejarmos."

gra pertence a uma nova safra de idéias, nada ortodoxa e, ao mesmo tempo, fascinante.

Inspirei-me no sobrenome de minha família, Amorim, para denominar a lei de amor, de proteção, de troca de bons sentimentos a cada momento. Desde criança aprendi o quanto o amor é indispensável para a felicidade e a prosperidade pessoal. Meus irmãos e eu recebemos doses constantes de amor desde o nascimento. Poderia ter optado por um nome complexo ou buscado em terras distantes um nome de cultura distinta, mas preferi inspirar-me no meio familiar. Somos seres espirituais poderosíssimos, e o amor é que faz a diferença.

Para fazer com que o dia seja bom, visualize-o em sua mente. Expressamos o que sentimos. Os acontecimentos em nossa vida, bons ou maus, são governados por nossos sentimentos mais íntimos, e estes produzem os pensamentos em nossa mente. Acostumar-se a se sentir em bons dias já será meio caminho para tê-los.

Ao acordar pela manhã, não se levante imediatamente. Permaneça deitado visualizando e sentindo todas as coisas boas de que pode se lembrar: que tem um corpo saudável, que sua mente é ativa, que seu trabalho é interessante e que você o realiza por prazer, que tem um futuro brilhante e que as pessoas acreditam fielmente na sua capacidade. Depois, faça suas orações e se levante para viver um dia repleto de acontecimentos favoráveis e encontrar pessoas de bom caráter e também excelentes oportunidades.

Imagine um corpo perfeito, mas nem por um segundo o

visualize enfraquecido ou envelhecendo, "se decompondo". Pare de procurar fracassos, pois correrá o risco de se deparar com a maioria deles. Procure sentir-se bem. Tenha unicamente sentimentos saudáveis — se sentir uma dor, por exemplo, afirme com convicção que deseja livrar-se, definitivamente, daquele mal-estar. Isso é importante porque as imagens mentais tendem a se reproduzir na realidade.

A lei Amor-in nos faz olhar a vida e saber que temos tudo de que precisamos para a felicidade completa e, então, somos totalmente capazes de comemorar cada momento de nossa existência.

Essa lei não é contra nada, ela simplesmente nos ajuda a afirmar tudo em que acreditamos em termos positivos e a esquecermos por completo o que é negativo. Mais uma dica: em vez de tentar parar de fumar, visualize sua imagem livre do cigarro. Ressalte o que você deseja em lugar de ficar falando repetidamente sobre aquilo de que não gosta ou a respeito do que está faltando em sua vida.

É muito interessante: controle o poder de seus pensamentos. Se o seu subconsciente souber que você precisa desesperadamente de alguma coisa, será mais difícil conquistá-la. Outro fator que influencia é a polarização, o magnetismo, o ímã pessoal, que, nesse caso, será diretamente afetado; isto é, em vez de atrair, provocará repulsa. A vontade firme de querer conquistar é própria do ser humano. Caso você demonstre que precisa muito de um trabalho, que está "matando cachorro a grito", provavelmente não conseguirá a estabilidade profissional. Mas, se enfrentar uma entrevista para emprego com tranqüilidade e segurança, estará despertando no seu interlocutor a capacidade de conquista.

Mais uma dica: no fim de cada dia, sempre agradeça por tudo o que é seu. Tenho notado que ganho mais quando agradeço a Deus do que quando Lhe peço algo. Provavelmente, o universo nos provê com mais bênçãos quando estamos em estado de gratidão. A fórmula é simples: obtemos mais quanto menos precisamos obter. Assim, nos sentimos merecedores dos benefícios que comprovamos no dia-a-dia.

Por outro lado, se, ao contrário do que estabelece a prática da lei Amor-in, você se sente indigno ou, em caso extremo, revoltado porque as coisas não acontecem em sua vida, realmente nutrindo pensamentos negativos, será difícil que acontecimentos bons fluam no seu cotidiano.

Essa lei é suave e delicada, porque nos faz sentir que, quanto mais nos desapegamos, mais conseguimos obter. Por que insistir em conquistar opulência, se você já desfruta de benefícios? Basta senti-la. Uma afirmação positiva ajuda a moldar os sentimentos e pensamentos em torno do que desejamos. É a melhor maneira para concretizar nossos desejos mais íntimos.

Todos os que praticam essa lei dizem que é isso que acontece em sua vida profissional. O vendedor encontra seus clientes mais receptivos a suas propostas; o desempregado consegue emprego; e o trabalhador, quando exerce sua atividade, descobre o prazer aliado à responsabilidade.

É fácil notar uma consistente atitude positiva e uma verdadeira animação nessas pessoas, e, incluindo-me como exemplo, criei até uma frase que uso com freqüência: "Com meu brilho até o inferno parecerá céu." E essa sensação não é passageira, mas permanente. Ao ser mentalizada, ela imediatamente desperta um calor mental e espiritual criado pelo entusiasmo interior, que é capaz de eliminar com facilidade a apatia, sensação normalmente produzida pelo fracasso. Assim, passamos a liberar qualidades até então adormecidas dentro de nós ou até mesmo que desconhecíamos. Isso ocorre justamente porque o entusiasmo é uma força libertadora. Ele é contagiante, e ilumina tudo o que está ao nosso redor: nos dá coragem, força, vitalidade e energia para vencermos todo e qualquer tipo de situação.

Exercícios para atrair sucesso e equilíbrio

Para alcançar sucesso com equilíbrio, é preciso desenvolver sua capacidade mental. E, para isso, você necessita, primeiramente, estar com o corpo físico e emocional bem preparado, isto é, seus centros de energia mental, física e espiritual devem estar harmonizados. Antes de descrever os exercícios mentais que o ajudarão a encontrar sua plenitude, indicarei uma série de exercícios físicos que você deve praticar desde já. Em seguida, apresentarei atividades psíquicas para o controle das emoções.

Atividade física

De manhã, ao se levantar, e à noite, ao se deitar, dispa-se completamente no seu quarto ou num local bem ventilado, antes de começar a praticar os exercícios descritos a seguir. Você deve realizá-los durante cinco minutos, todos os dias, nos dois horários indicados. Dessa forma, seu organismo expulsará os detritos orgânicos e tudo o que lhe é prejudicial, renovando-se aos poucos.

MOVIMENTOS DOS BRAÇOS

1) Levante os braços e respire profundamente.
2) Abaixe-os lentamente, soltando o ar.
3) Estenda-os horizontalmente, inalando o ar.
4) Finalize, abaixando lentamente os braços até as coxas, expelindo ao mesmo tempo o ar dos pulmões.

MOVIMENTOS DAS PERNAS

1) Faça uma série de agacha/levanta quantas vezes o seu corpo suportar.
2) Termine levantando as pernas horizontalmente.

MOVIMENTOS DO TRONCO

1) Levante os braços e se espreguice, respirando profundamente.
2) Encolha os braços lentamente enquanto se abraça e expele o ar dos pulmões.

Atividade psíquica

A prática psíquica consiste, principalmente, no domínio de suas emoções. A emoção é o fruto de uma inclinação, de um hábito ou de uma idéia.

O hábito emotivo é um fator hereditário, e há milhares de anos está enraizado na raça a que pertencemos — trata-se de uma herança genética emocional. Assim como nos caracterizamos por determinados aspectos físicos — a cor dos olhos e da pele, a textura dos cabelos etc. —, também nos definimos por traços emocionais, quase sempre manifestando atitudes próprias dos nossos antepassados, as quais, então, repassamos inconscientemente aos nossos descendentes.

Esse padrão emocional está de tal modo fixado no cérebro humano, que escapa ao domínio de nossa vontade. É um processo involuntário e imperceptível: quando percebemos, já adotamos determinada atitude sem raciocinar. Além disso, o uso do pensamento consciente no combate a uma emoção aumenta o estado emotivo em vez de acalmá-lo.

Por isso, em lugar de combater diretamente suas emoções, você deve exercitar o domínio sobre seus músculos, harmonizando e transformando seus movimentos. Em toda emoção, há agitação muscular, e até se pode dizer que a manifestação emocional está totalmente ligada aos movimentos que lhe são correlatos. Essa união é tão perfeita que, se os movimentos forem suprimidos ou transformados, a emoção desaparecerá imediatamente.

Há dois modos de praticar o controle: pelo relaxamento muscular e pela harmonização dos movimentos respiratórios. Em seguida, você passará para a última etapa: a educação da atenção.

Relaxamento muscular

1) Sente-se num sofá ou numa cadeira; relaxe os braços, as pernas e todo o corpo.
2) Concentre-se, por cerca de 15 minutos, na idéia de ficar com o corpo bem relaxado.

Observação: Esses exercícios aumentarão consideravelmente sua capacidade respiratória e lhe permitirão reagir facilmente diante das emoções. Habitue-se a praticá-los diariamente, para que possa executá-los todo o tempo e em qualquer lugar. Quando você precisar vencer uma emoção na rua ou em qualquer local onde não possa sentar-se, o relaxamento não será completo nos músculos das pernas e do abdome.

Harmonização dos movimentos respiratórios

1) Primeiro tempo: aspirar lentamente, até encher os pulmões por completo.
2) Segundo tempo: expirar lentamente todo o ar.

Observação: Os dois exercícios devem ter o mesmo tempo de duração. Repita-os por vinte ou trinta vezes, e nada de parar entre um tempo e outro.

Educação da atenção

De todos os fatores da auto-educação psíquica, o domínio da atenção é, incontestavelmente, o mais importante.

Uma vez que tenha preparado o corpo por meio dos exercícios físicos e pelo domínio das emoções, você está totalmente apto a empreender a reforma de seu estado mental com maior êxito e rapidez. Para isso, lhe será necessário sugestionar hábitos de um ideal superior e retirar da mente todo tipo de idéias ruins e pensamentos pessimistas e negativos.

É esta a verdadeira finalidade do exercício mental: uma atenção firme para a realização de um objetivo previamente escolhido, mantendo seus órgãos físicos preparados para praticar as ações necessárias a esse propósito.

Os dois obstáculos que você poderá encontrar para estabelecer a atenção mental são a inércia e a impulsividade dos órgãos físicos. Tais reflexos são combatidos com a prática dos exercícios descritos anteriormente. Se você os realizar com regularidade, a educação de sua atenção se tornará muito mais fácil, pois, quando seu espírito estiver em atividade, ele não encontrará dificuldades ou obstáculos em seu corpo físico, muito menos em sua disposição psíquica.

O sentimento produz uma força criadora em seu cérebro, para que suas visualizações criativas, destinadas a agir, sejam consistentes, formem uma perfeita imagem mental delas mesmas e, conseqüentemente, proporcionem a atenção necessária para sua realização. É dessa forma que materializamos nossas vontades mais íntimas. Assim, devemos ter muita cautela em relação àquilo que queremos conquistar.

Se você, depois de tudo o que já leu até aqui, ainda *quiser* ter sucesso, meu conselho é: desista ou faça uma nova leitura, pois ainda não sentiu a diferença entre *querer* e *desejar*! E não venha com a conversa de que você demora a aprender e esquece rápido. Caso seu problema seja a memória, aprenda, em meus livros, técnicas específicas para fortalecê-la e desenvolvê-la. Consulte *Jogando com sorte** e *O despertar do sonho: reconstruindo sua história*.**

---

*AMORIM, Luiz Carlos. *Jogando com sorte*. 4ª ed. Rio de Janeiro: Editora Rosa dos Tempos, 2001.

**Idem. *O despertar do sonho: reconstruindo sua história*. 3ª ed. Rio de Janeiro: Editora Rosa dos Tempos, 2002.

Capítulo 2

Sinta as possibilidades: pare de reclamar e aposte na solução

Se sua vida é ou está ruim, lembre-se: ela é feita de nove décimos de percepção e de apenas um décimo de realidade. Em vez de se preocupar com dificuldades e nutrir sentimentos de desânimo e apatia, sinta as possibilidades que tais obstáculos proporcionam. Quando o ser humano "tropeça", ele sempre dá um passo para frente.

Supressões, distorções e generalizações estão associadas com aquilo em que acreditamos. Nossas crenças sobre nós e o mundo em que vivemos são os parâmetros que seguimos — elas podem nos aprisionar ou libertar, e a primeira hipótese é sempre a mais provável. Quando acreditamos em algo, apresentamos uma resposta distinta daquela que manifestamos quando não acreditamos. Nossa motivação e nosso interesse não apenas são diferentes, como se estruturam de formas diversas.

Vivemos no mundo da existência (não no da realidade), e aqui tudo existe, mas pode ser transformado. Por exemplo: seu carro pode ter sido ou vir a ser uma latinha de cerveja (!); por conseguinte, não é real. O real não se transforma nunca, ele é o que é para sempre, e pronto. Se você é pobre, não tem chance de ficar rico; se é rico, faça o que fizer, não ficará pobre, e acabou. Mas nós sabemos que não é assim que funciona, não é verdade?

No caso de você continuar considerando sua vida um fracasso total, note que suas crenças, no entanto, podem mudar. Elas se estabelecem com base em experiências vividas e como conseqüência da forma pela qual você percebe um fato específico. E, felizmente, também se modificam com base em novos fatos. Papai Noel foi muito especial na minha vida. Hoje, mesmo sabendo que ele não é real, continuo acreditando no bom velhinho de uma maneira muito singela. Nossos comportamentos estarão sempre ligados às crenças que aceitamos, e agiremos no mundo de acordo com elas.

Vamos abordar este assunto de forma prática: relaxe por um instante e perceba como sua crença atua sobre você:

1) Sente-se de forma relaxada e comece a acreditar que se levantar agora é difícil. Diga para si mesmo: "Levantar é difícil!" Quando essa certeza tiver tomado conta de você, levante-se.
2) Em seguida, sente-se de novo.
3) Agora faça o oposto: relaxe outra vez e comece a acreditar que é muito fácil se levantar — diga isso até acreditar realmente. Quando estiver convencido, levante-se.

Você percebeu a diferença entre os dois estados alterados de consciência provocados pelo sentimento? Então, em que momento você precisou de mais energia para se levantar?

Nosso sentimento é explicitado por nossa postura corporal e nossos movimentos. Além disso, está intimamente ligado à sensação interna que, por sua vez, transmite o que estamos vivenciando em certo momento. Por essa razão, um sentimento interno que possa estar produzindo sensações desagradáveis pode ser modificado se atentarmos para nossa expressão externa. Quando conseguimos nos movimentar ou assumir uma postura distinta, somos capazes de perceber como as sensações também mudam.

Qualquer modificação em nossa percepção altera tudo à nossa volta. Uma nova disposição para realizar algo ocorre no momento em que as coisas se tornam mais claras no aspecto visual, mais harmônicas no aspecto auditivo e mais leves no aspecto das sensações. Quando isso acontece, significa que os sentimentos se transformaram, assim como as sensações internas, o que proporciona uma possibilidade de mudança no nosso comportamento externo.

Lembre-se: em momentos de crise, só a imaginação criativa, vinda verdadeiramente do sentimento, é mais importante que o conhecimento (pensamento); e este, por sua vez, requer regras, controle, limites e fronteiras. O sentimento revela um mundo onde tudo é possível! Leia a história a seguir e confirme.

Um garotinho perdido na selva vê uma hiena (animal traiçoeiro) correndo em sua direção. Ele sente rapidamente as possibilidades: pega um pedaço de madeira e o põe sobre a cabeça para parecer mais alto. Então, quando está a ponto de ser atacado pela hiena, esta o vê maior e mais alto do que ela. A hiena pára bruscamente e sai apavorada correndo do garotinho. No caminho, vai pensando: "Que criatura alta! Por pouco não me comeu!"

Um macaco que assistira à cena sai correndo atrás da hiena e lhe conta como ela havia sido enganada. A hiena, furiosa, diz:

— Criatura maldita! Vai me pagar!

O garotinho vê que a hiena vem atrás dele de novo e, agora, carregando o macaco em suas costas.

— Ah, macaco traidor! O que faço agora?

Em vez de sair correndo, ele fica de costas, roendo uns ossos como se não estivesse vendo nada. Quando a hiena está a ponto de atacá-lo novamente, o garotinho diz:

— Macaco preguiçoso! Faz meia hora que o mandei trazer outro animal para eu comer, e ele ainda não voltou! A hiena, ao escutar isso, em desespero, dá o fora mais que rapidamente.

Moral da história: existem pessoas que são capazes de passar por uma floresta e não encontrar lenha para fazer uma fogueira.

Agora, vou contar-lhe uma piada que o ajudará a entender muito bem este capítulo.

Um homem estava dirigindo um carro em baixa velocidade e, de repente, nota que o pneu da frente se desprendera. Ele salta, pega o macaco para levantar o veículo e percebe que os parafusos da roda desapareceram, não encontra nenhum deles:

— Como vou sair daqui agora?

Tudo isso se passava em frente ao muro de um hospício, em cima do qual havia um doente mental que observava a situação. Ele, então, tenta ajudar o motorista:

— Tire um parafuso de cada roda e coloque nesta aí até arranjar os outros. Assim, cada uma das rodas ficará com três parafusos.

O dono do carro analisou a sugestão e disse:

— Claro! Por que não pensei nisso? Que idéia genial. Mas, com essa sensibilidade toda, por que você está aí?

— Eu sou doido, e não burro!

O motorista se preocupou com a situação em vez de sentir as possibilidades! E você, consegue perceber o teor dessa frase?

Técnica dos Prazeres e da Doação

Venho de uma família numerosa, somos 11 no total: seis homens, três mulheres e meus pais. Vivemos numa harmonia incrível, de dar gosto a qualquer ser humano. Então, pensei: "Qual seria o nosso segredo? Como transferi-lo para o papel e por que não passá-lo para as pessoas?"

Havia encontrado o alimento para minha intuição. Assim, por meio dela, desenvolvi uma técnica, e comecei a testá-la com pessoas conhecidas: recém-casados, famílias inteiras, funcionários nas empresas; enfim, onde houvesse alguém disposto a testá-la, para que eu pudesse avaliar sua validade, sanar seus pontos fracos e aprimorá-la.

Pois bem, queremos ser felizes para sempre!

O próprio nome já diz tudo: técnica dos Prazeres e da Doação.

É muito simples: pegue um pedaço de papel, escreva seu nome e relacione três coisas que lhe dão prazer. As demais pessoas que estiverem participando devem fazer o mesmo. Em seguida, troquem os pedaços de papel em que escreveram. Se forem só duas pessoas, dê seus prazeres a ela e receba os dela. Caso haja mais participantes, use um recipiente para colocar os pedaços de papel, a fim de sorteá-los. Você estará trocando seus prazeres por doação, ou seja, terá que se esforçar para realizar os desejos listados no papel que receber.

Essa técnica requer um sentimento puro, que é aquele que não está maculado pelo sentimentalismo barato, que são as paixões, o egoísmo, a baixa auto-estima, a indecisão, "a pulga atrás da orelha"... Você deve compreender que é sentimentalismo barato achar que outra pessoa é propriedade sua, porque os seres humanos não são coisas; portanto, não são propriedade de ninguém. Somente se doando, você poderá absorver o que é verdadeiramente real.

Não se trata de uma técnica unilateral. Para que dê certo em se tratando de um casal, por exemplo, é preciso que ambos se doem; se um dos dois não a aceitar, é bem possível que alguém não esteja interessado em uma harmonização no casamento ou na união, seja ela qual for. E por que será?

Mas, se as pessoas envolvidas na união estiverem dispostas a se doar um pouco, a técnica funcionará. Suponhamos que uma delas seja você: será preciso que se doe ao máximo para realizar os prazeres que o outro listar no papel. Se sua doação for maior que seus prazeres, não seja egoísta: fique tranqüilo — essa técnica deve ser renovada todo mês e pode continuar com os mesmos prazeres (desejos) ou outros à sua escolha. Você quer ser feliz? Tem gente que quer!

Para exemplificar esse método, usarei personagens fictícios, um casal — João e Maria — que está no seu segundo ano de casamento, fase da qual se costuma dizer que "da rosa já caíram as pétalas e só restam os espinhos". Em outras palavras, trata-se do início da fase mais difícil do relacionamento, a da aceitação mútua. Vamos lá:

João escolheu:

- Quero ter paz para desenhar (o *hobby* do João é desenhar em suas horas vagas).
- Aprecio ser tratado com respeito.
- Gosto de jogar bola uma vez por semana com meus amigos.

Maria escolheu:

- Sinto prazer em fazer ginástica pela manhã.
- É bom ver a tampa do vaso abaixada quando entro no banheiro.
- Quero visitar meus parentes pelo menos uma vez por semana.

Convenhamos que, a princípio, pode ser difícil para ambos se doarem. Contudo, superada a resistência inicial, o casamento deles pode se tornar uma verdadeira lua-de-mel. Uma união não precisa ser necessariamente uma castração da liberdade do ser humano; esse é um dogma que deve ser quebrado, com certeza. A técnica dos Prazeres e da Doação também é capaz de fazer com que as pessoas do relacionamento em questão promovam sua autocura. Como se dá isso?

Todos nós temos corpos perfeitos, e, embora fiquemos doentes de vez em quando, uns têm uma genética mais resistente que a de outros. De qualquer modo, todos temos uma "farmácia pessoal", que é o poder da mente. Mas, para que esse poder se manifeste, é preciso que estejamos tranqüilos, em harmonia com o nosso ambiente.

De fato, não existem seres humanos com mentes fracas, e sim com mentes despreparadas. O poder mental está relacionado com os neurônios. A maioria das pessoas é destra, isto é, seu lado racional é mais desenvolvido que o emocional, por isso o despreparo mental.

Isso poderá ser resolvido à medida que você for se aprimorando nessa técnica de harmonização, usando o afeto para aumentar o seu elixir da vida; assim, precisará de menos atenção médica. Contudo, no seu atual estágio de desenvolvimento no domínio dessa técnica, você ainda está longe de prescindir definitivamente dos médicos. O que você *deve fazer* é consultá-los, como faria normalmente, e seguir seus conselhos. O que você *pode fazer* é surpreendê-los com a rapidez de sua recuperação.

Técnica do Laço Magnético

Imagine ser capaz de atrair tudo de que precisa em prol de si mesmo: aquela pessoa amada (a mesma que não retribui seus sentimentos e tampouco o nota); aquele emprego do qual necessita, a harmonia com seu chefe ou com aquele colega de trabalho que o trata mal ou o despreza. Esses são apenas alguns exemplos das numerosas aplicações dessa técnica.

Mas você pode estar se perguntando: como tudo isso é possível?

É possível porque somos seres espirituais poderosíssimos e estamos na Terra para fazer um pouco do trabalho de Deus. Falando mais claramente, o que nos move é a nossa luz, e não a força de nossos músculos. De outro modo, como explicar o fato de um velhinho chinês ser capaz de quebrar oito, dez ou mais barras de gelo apenas com um golpe de caratê, ou como explicar os sonhos premonitórios que você tem, ou mesmo um simples *déjà vu*?

Todos nós somos seres emocionais/racionais, mas nosso lado emocional é muito maior. Podemos dizer que, em suma, somos seres emocionais, e não racionais. Mas há seres mais racionais que emocionais, ou seja, que apresentam o lado racional mais desenvolvido e o lado emocional mais frágil e despreparado. É o caso, por exemplo, daqueles que matam por amor — na verdade, um amor doentio que encobre sentimentos de posse.

Preparei um teste para que você possa descobrir se é mais emocional ou racional. Basta responder às questões a seguir:

1) Você é do tipo que tem uma imaginação fértil?

   sim ( ) não ( )

2) Costuma prestar atenção no orvalho de uma manhã fria?

   sim ( ) não ( )

3) Se emociona com facilidade?
sim ( ) não ( )

4) Seu sentimento prevalece sobre a razão?
sim ( ) não ( )

5) Sente prazer em fazer passeios ao zoológico?
sim ( ) não ( )

6) Costuma lembrar-se de seus sonhos?
sim ( ) não ( )

7) Acredita na vida fora deste planeta? (Claro que, se não existisse, seria um grande desperdício de espaço, além de egoísmo de nossa parte acharmos que estamos sozinhos no universo... Mas tudo bem.)
sim ( ) não ( )

Se cinco ou mais de cinco das suas respostas foram afirmativas, você é um ser emocional; portanto, terá facilidade para empregar essa técnica e obter bons resultados. Caso contrário, sua dificuldade em entendê-la e tê-la como verdade será grande. Assim, sugiro que você leia e pratique as técnicas descritas nos meus livros *Jogando com sorte* e *O despertar do sonho: reconstruindo sua história*, que apresentam métodos eficazes tanto para aprimorar quanto para despertar o QI (Quociente de Inteligência) e o QE (Quociente de Emoção).

Agora, vamos passar à técnica do Laço Magnético. Espero que você já esteja num ambiente tranqüilo; se não está, procure-o!

Entre no nível TAM-10 (veja a descrição dessa técnica no Capítulo 1, página 33) para atingir níveis cada vez mais profundos de relaxamento. Depois de ter passado pela TAM-10, você entrará, então, na ARM, em especial na técnica do Laço Magnético*. Procure sentir, imaginar ou visualizar um nítido clarão vindo do alto. Em seguida, concentre-se nesse raio de luz, sentindo-o penetrar em sua mente enquanto você o faz evoluir e o contempla.

Tudo o que você deseja na vida pode ser conseguido por meio da força do sentimento puro, que se transforma em poder. Tenha isso como verdade em sua mente, pois, por meio desse poder, todos os seus sonhos podem se tornar realidade. Essa realização dependerá unicamente do seu despertar, de sua disposição e, a partir daí, de sua determinação em exercer essa nova capacidade, mantendo contato permanente com esse mundo, que não é só da visão, mas também da mente.

Então, sinta, imagine e visualize esse raio de luz que penetrou em seu cérebro começando a sair de todo o seu corpo, na forma de um feixe luminoso de coloração alaranjada. Imagine-o indo na direção da pessoa que você deseja atrair (lembre-se do lugar e da direção onde essa pessoa possa estar no momento da execução da técnica), ou das pessoas com quem você deseja se harmonizar, ou daquele emprego.

---

*Atenção, não tente relaxar e fazer a técnica ao mesmo tempo; não funciona. Primeiro, relaxe, depois, pratique a Laço Magnético.

Sinta como se já estivesse trabalhando no local ou possuindo o carro dos seus sonhos... Sinta você e o carro num cenário todo alaranjado, passeando. Essa técnica deve ser realizada com o mesmo sentimento que experimentamos quando estamos apaixonados. Eu diria que isso não é somente importante, mas essencial, pois esse sentimento é como a gasolina azul: aumenta em muito a pureza, a força e o brilho do feixe magnético alaranjado em forma de tentáculos. Esse feixe, além de alcançar o seu objeto/objetivo, não se quebrará ou partirá.

Sinta os tentáculos do feixe se desenvolvendo e envolvendo o que você deseja. Agora, sinta-os se encolhendo e unindo cada vez mais você ao que foi envolvido, em um corpo só!

Realize a TAM-10 e, depois de ter relaxado, comece a técnica do Laço Magnético por aproximadamente 15 minutos; depois, abra os olhos, se espreguice e comece tudo de novo, da mesma forma como fez antes, por mais duas vezes. As três repetições levarão cerca de 45 minutos.

É desaconselhável empregar essa técnica mais de duas vezes por semana, pois poderia tornar-se uma obsessão e, assim, repelir o que você deseja em vez de atrair.

Técnica para estimular a coragem

Não é preciso tomar duas ou mais doses de bebida alcoólica para ter coragem, nem pense nisso! Leia atentamente o passo-a-passo a seguir e saiba como desenvolvê-la.

Primeiro passo — É fundamental reconhecer as próprias emoções, porque, para ter coragem, é necessário sentir medo — a coragem nasce da consciência que temos do nosso medo. Isso nos deixa certos de que só enfrentamos os fatos quando estamos cientes da nossa fuga.

Reconhecermos esse sentimento quando ele ocorre é a pedra fundamental. Criarmos a capacidade de nos conscientizarmos dele a cada momento é vital para o engrandecimento emocional e a autocompreensão. A observação dos nossos próprios sentimentos nos torna mais calmos, seguros e confiantes, criando assim um sentido mais preciso em relação às decisões pessoais.

Seja honesto consigo mesmo, pois isso lhe permitirá desenvolver o poder pessoal, o respeito próprio; em outras palavras, uma verdadeira conexão interna.

Segundo passo — É necessário saber lidar com as emoções. Contudo, isso não significa sufocá-las e nos privarmos de informações extremamente relevantes e que nos levam às razões de nossos atos. Ao contrário, significa compreendê-las e usar esse entendimento para modificar as situações em nosso próprio benefício.

Primeiramente, devemos nos conscientizar do que estamos sentindo e, em seguida, prestarmos atenção nos pensamentos e nas alterações fisiológicas. Quando você decide conquistar alguém numa festa e essa pessoa o ignora, a primeira sensação é a de que sua alma caiu aos seus pés. Em vez de ficar atônito, embravecido ou mesmo dizer o que você tem vontade, saia, vá tomar uma água e, depois, pense no ocorrido, verifique a situação como um todo. Para que lhe seja possível tomar essa atitude, é necessário que você respire profundamente e, em seguida, conte até dez para conhecer as pistas (sinais) que seu corpo lhe dá.

Lembre-se, então, de que, se seu corpo lhe mostra sinais, isto é, "fala", é óbvio que o corpo daquela pessoa também faz isso. Se você é homem, note que é a mulher quem escolhe — não é você quem conquista —, e ela vai dizer isso com a linguagem do corpo, se insinuando.

Se você é mulher, tenha esta consciência: é você quem escolhe o seu par; portanto, não aceite gato por lebre, ou seja, homens casados, beberrões, trambiqueiros... Não se sinta feia; aliás, explore os truques femininos, mas com cuidado — a maquiagem, por exemplo, existe para realçar o que há de bonito em seu rosto, não para esconder aquilo que você considera feio. Saiba a diferença entre defeito e característica: na sua opinião, um nariz adunco pode ser defeito; contudo, muitos podem considerá-lo um traço fascinante.

Terceiro passo — Antes de discutir com alguém, pergunte a si mesmo se você quer *ser feliz* ou *ter razão*.

Quarto passo — Motivar-se. A motivação é a fórmula para você estabelecer um objetivo e persistir nele. Suponha que lhe seja necessário realizar uma tarefa que você considere difícil e para a qual estava desmotivado. Sua primeira atitude deve ser reconhecer esse desinteresse, conseguir descobrir o porquê desse fato e, então, começar a criar metas mais curtas até chegar ao propósito final, que é executar a tarefa.

A coragem é uma necessidade vital; é ela que transforma objetivos alcançados em novos pontos de partida, porque alguém sempre ousará, tentará novamente, antes que o dia termine.

Conheça seus pontos fracos e fortes

Quem não gostaria de conhecer seus pontos fracos e fortes para saber como agir em determinada situação e, assim, se proteger ou tirar maior proveito dela? Esse conhecimento é bastante útil em uma série de circunstâncias e pode, por exemplo, ajudá-lo a:

- Identificar a melhor hora de pedir um aumento ou o porquê de determinada atitude do chefe.
- Aprender a aprimorar o nível de compreensão no lar.
- Prevenir-se de dificuldades financeiras.
- Acreditar no próprio poder de convencimento e na própria eloqüência.
- Saber quando você contará com maior ou menor proteção divina, de modo que possa tomar as medidas necessárias.
- Aprender a distinguir se o que se passa em sua cabeça é mesmo intuição ou devaneio; se aquela mania de perseguição procede ou não; por que determinado fato está acontecendo e o que você pode fazer para mudar tal quadro; se quem está perto de você está num período depressivo ou se está numa boa fase financeira ou também intuitiva.

Enfim, a verdade não precisa de explicação, só de reflexão! E, como se diz, "numa terra de cegos, quem tem um olho é rei"; e essa técnica, que criei utilizando os meus dons paranormais, é exatamente o olho a que se refere o ditado. Utilizando-a, você poderá identificar seus pontos fracos e fortes em determinado ano. Contudo, o X da questão está em saber contrabalançar tais pontos.

Considerei-a muito interessante até mesmo para mim; por isso, dediquei-me a testá-la por meses a fio. Em cem casos, seu índice de acerto foi espantoso: cem por cento, e é difícil encontrar um resultado dessa natureza. Esse método promoverá a abertura de novos horizontes, expondo o que se encontra oculto aos olhos e elevando a capacidade humana além da lógica e acima das dificuldades.

A princípio, tive uma atitude comum ao ser humano: sonhei em guardar a descoberta somente para mim e, é claro, aproveitar-me dela. Mas logo percebi que seria um gesto próprio dos pseudopoderosos.

É muito simples empregá-la: basta somar sua idade ao ano vigente, observando as regras descritas no passo a passo a seguir. Você também pode utilizá-la para compreender melhor os acontecimentos de um ano específico, já decorrido, e entender por que certos fatos ocorreram ou não. E não se esqueça de que poderá usá-la ainda para conhecer os pontes fracos e fortes de outra pessoa.

Atenção: você terá até dois pontos fracos e fortes por ano — um antes do seu aniversário e outro depois, porque o resultado da soma da idade muda após essa data. Os significados negativos e positivos dos numerais estão na seção "Significados dos números", na página 63.

No passo-a-passo, usarei como exemplo o caso de uma amiga, que chamarei de Maria:

Primeiro passo — Transforme a idade e o ano em números naturais. Exemplo: como Maria tem 29 anos, some 2 + 9 = *11*; repita a adição até obter um número natural, ou seja, 1 + 1 = *2*.

Segundo passo — O ano a ser pesquisado será 2003; portanto, some 2 + 0 + 0 + 3 = *5*.

Terceiro passo — Para saber qual é o *ponto fraco* de Maria, some a idade, que neste caso é *2*, mais o ano que, como vimos, é 5; assim, o resultado será o numeral *7*, o que revela falta de proteção divina.

Quarto passo — Para conhecer o *ponto forte* de Maria, subtraia a idade (agora sem decompor o número) do ano, isto é, 29 – 5 = *24*. Em seguida, some 2 + 4, e o resultado será 6, numeral cujo sentido positivo indica uma intuição fortíssima.

Agora, analise o que aconteceu com essa moça no mês de julho de 2003.

Recém-casada, Maria ainda guardava na carteira, e sem motivo algum, um bilhetinho de um antigo namorado. Ela andava com a intuição de que deveria jogar aquele papel fora, mas não fez isso; manteve o bilhete, a exemplo daquelas pessoas que vivem com bolsas e carteiras abarrotadas de coisas desnecessárias. Nesse fato, está a *intuição* revelada pelo número 6, o *ponto forte* de Maria. Mas por que ela não se livrou do tal bilhete? A resposta está no *ponto fraco* indicado pelo número 7, isto é, na *ausência de proteção divina*. Certa noite, o marido dela resolveu dar uma olhada na sua carteira e encontrou o bilhete com o número do telefone do ex-namorado; assim, formou-se a confusão, sem que Maria pudesse desfazer o mal-entendido. Conclusão: se ela estivesse de posse deste livro, poderia ter usado o ponto forte para amenizar o ponto fraco, dando maior atenção à sua intuição.

Enquanto eu escrevia este tópico, aconteceu outro caso em que o ponto fraco da pessoa também era a proteção divina. Não vou citar nomes em respeito à família. Um rapaz e seus amigos passeavam de moto, até que resolveram parar num bar para tomar cerveja e bater papo. Na hora em que estavam deixando o local, o rapaz deu uma boa acelerada em sua moto, perdeu o controle e bateu na moto da frente. A pedaleira da outra moto furou seu capacete, perfurando-lhe o crânio. O resultado foi uma morte instantânea!

Observação: Há casos em que um dos pontos pode não ocorrer no todo ou em parte pelo fato de um sobrepujar o outro; por isso, em tais circunstâncias, a pessoa tende a não aceitar ou confirmar as indicações reveladas. Veja o seguinte exemplo: o resultado para o ponto fraco de uma pessoa que chamarei de José foi 2, mas ele não o confirmou. Isso aconteceu por causa do ponto forte dele, que foi 1 (analise os significados desses números!).

Quando o ponto forte e o ponto fraco apresentam o mesmo número

Ao aplicar essa técnica, você também pode se deparar com uma situação interessante e rara, em que o ponto fraco e o ponto forte têm o mesmo número. Nesse caso, um número anula o outro, o que significa um período sem concretizações. Vou exemplificar esse quadro com a história de outra amiga minha, também recém-casada, que tinha 17 anos em 1998 e faria 18 em julho. Antes do seu aniversário, seu ponto fraco e seu ponto forte eram indicados pelo número 8, mostrando um semestre sem grandes realizações ou mesmo nenhuma. No segundo semestre, o numeral 9 passou a ser o indicativo tanto do seu ponto fraco quanto do seu ponto forte, o que significou outro período sem concretizações.

Calculando o ponto forte de uma criança

Ao calcular o ponto forte de uma criança, observe a seguinte regra: se a idade dela for menor que o resultado obtido para o ano, acrescente um zero à direita do número relativo à idade. Por exemplo: se a criança tiver quatro anos, o número será 40 (isso é necessário, pois não se pode diminuir 5 de 4). Assim, considerando o ano de 2003, a operação será: $40 - 5 = 35 = 3 + 5 = 8$. Esse recurso não causa alterações no resultado e resolve o problema!

Significados dos números

Vamos trabalhar com números naturais e um método de fácil entendimento.

NÚMERO 1

Como ponto fraco — Pode ocorrer um certo grau de indolência nessa fase. Irritabilidade, impulsividade, impaciência, nervos à flor da pele. Sua opinião é a que conta. Tendência a reclamar, a criar atritos e à agressividade em geral. Entende as coisas pela metade ou pelo lado errado; com isso, se magoa com facilidade. "Um guerreiro de bronze, mas com pés de argila."

Como ponto forte — Impetuosidade, capacidade de liderança, um verdadeiro comandante, leal a seus propósitos, com fibra, força e vitalidade. Sexualidade em alta, virilidade, energia, poder e inteligência criadora; capacidade para planejar uma carreira maior, um caráter perfeito.

NÚMERO 2

Como ponto fraco — Um pouco de debilidade mental, esquecimento, propensão a fortes dores de cabeça e dificuldade em sentir as boas oportunidades. Tendência a falar sem ponderação, a fazer comentários que podem comprometer si próprio. A pessoa não se expressa com clareza, criando mal-entendidos ou distorcendo os fatos. É importante ter consciência deste ponto fraco para não pôr fim a relacionamentos.

Como ponto forte — Ótima fase; de corpo energético saudável, forte e tenaz. Mente inteligente e equilibrada, afiada como uma navalha. Eloqüência e sagacidade para ver as boas oportunidades.

NÚMERO 3

Como ponto fraco — Tendência à insônia e a falar demasiadamente. Dificuldades para expor o raciocínio de modo claro. Propensão a gastar mais do que ganha — descontrole nos gastos financeiros.

Como ponto forte — Inteligência para resolver problemas e sonhos com respostas a problemas. Boa fase financeira e capacidade para lidar com cálculos matemáticos. Eloqüência e articulação.

NÚMERO 4

Como ponto fraco — Fragilidade emocional, escravo das emoções. Tendência à depressão — mesmo que esteja vivendo um relacionamento, sente um vazio; estando só, terá uma enorme predisposição para atrair pessoas erradas. Tenha cuidado: o lado amoroso pode estar fragilizado. Seja um pouco racional, sinta a situação para não se machucar.

Como ponto forte — Romantismo, amor, capacidade de transmitir sentimentos e emoções aos outros. Abrandamento de coração, espírito solidário: tudo o que faz é por amor, e esse amor é incondicional e livre de egoísmo; em outras palavras, a pessoa se encontra em constante primavera.

NÚMERO 5

Como ponto fraco — Indolência, inquietação, desânimo, indecisão e dificuldade de encarar a realidade.

Como ponto forte — Tranqüilidade, paz e harmonia.

NÚMERO 6

Como ponto fraco — A pessoa pode criar ilusões meio malucas e acreditar que se trata de intuição. Por exemplo: se ela jogar um contracheque no lixo sem rasgá-lo e, em seguida, vir um mendigo vasculhando seu lixo, vai imaginar que ele achará o contracheque e, depois, poderá extorqui-la. Tendência também a desenvolver mania de perseguição.

Como ponto forte — Capacidade para relaxar, criatividade e dom para as artes e a música. Um sexto sentido apuradíssimo e uma bela intuição.

NÚMERO 7

Como ponto fraco — Falta de proteção espiritual; como se diz na gíria, "estar com o corpo aberto". Propensão ao uso de álcool e drogas. Tendência a doenças.

Como ponto forte — Dom de premonição, intelectualidade espiritual, proteção espiritual total, "corpo fechado". Importante: essa proteção é tão forte, que inutiliza qualquer ponto fraco! Capacidade para transformar o ruim em bom e o bom em melhor ainda.

NÚMERO 8

Como ponto fraco — Agitação mental: a pessoa imagina o problema sempre maior do que ele realmente é; sente medo, insegurança. As coisas boas chegam bem perto de acontecer, mas não acontecem, dando a impressão de que emperram na hora final.

Como ponto forte — Espírito de um guerreiro que vence todas as batalhas. Disposição inabalável: não vê erros, e sim resultados. Capacidade de concentração e praticidade.

NÚMERO 9

Como ponto fraco — Bondade excessiva, ingenuidade: a pessoa chega ao ponto de ser tola, facilmente acredita em uma mentira. É bom ter cuidado, pois pode entrar em enrascadas.

Como ponto forte — Alta espiritualidade, capacidade de transmitir paz de espírito, estado de graça. Bondade equilibrada.

Saindo do fundo do poço

A felicidade é uma questão de resolver *ser*, é uma espécie de costume; algumas vezes, até mesmo de vício. Ela vem do nosso íntimo, não é uma questão de exterioridade. Portanto, sinta: "Estou decidido a ser feliz a partir de hoje, e serei. Com meu brilho, até o inferno parecerá céu."

Se o seu objetivo é ser feliz, preste bastante atenção nas dez resoluções relacionadas a seguir:

1) Vou me adaptar aos fatos como eles se apresentam a mim, porque sou espírito e, como espírito, nada posso temer nem sofrer em corpo. Meu racional não sabe de nada, mas meu emocional sabe de tudo. Conviverei melhor com as pessoas porque elas não são objetos; portan-

to, não são propriedade de ninguém. Eu me adaptarei aos meus negócios e à minha sorte da forma como estes se mostrarem, ajustando-me e tirando o máximo de proveito deles.

2) Saberei conviver com as incertezas e acreditarei em mim mesmo. Sempre haverá novas alternativas disponíveis. Seja qual for a situação, sempre terei outra escolha.
3) Cuidarei melhor do meu corpo. Farei exercícios (o sedentarismo não será "minha praia") e adotarei um tipo saudável de alimentação. Somente dormirei quando estiver com sono e só comerei quando tiver fome. Procedendo dessa maneira, responderei melhor aos estímulos, às minhas necessidades esportivas e sexuais ou, simplesmente, à arte do bem viver.
4) Fortalecerei minha mente. Lerei mais livros, exercitarei mais a memória e transformarei minha mente numa academia de neurônios.
5) Terei mais consciência de que sou uma alma que tem um corpo, e não o contrário. Pensar que sou uma rocha tem sido meu erro — na tentativa de me apoiar em minhas próprias forças, tudo que fiz foi tropeçar. Estarei mais consciente de que sou pó, e Deus é a saliva que me tornará concreto. Minhas ações serão mais generosas do que caridosas.
6) Serei mais agradável, além do que tenho sido. Tratarei melhor de minha imagem pessoal, porque não basta apenas ser, tenho que parecer também. Serei menos preconceituoso, me mostrarei mais liberal em meus comentários, não falarei de quem não estiver presente para se

defender e também não agirei como um maria-vai-com-as-outras.

7) Procurarei resolver um problema de cada vez, e não todas as dificuldades de minha vida num único dia! Vou viver hoje plenamente: se quiser fazer tudo ou nada, será por prazer e não por obrigação. Viverei cada dia como se fosse o primeiro e também o último da minha vida — com intensidade e dedicação.
8) Entre a indecisão de Hamlet e a impulsividade de Dom Quixote, adotarei o autocontrole, para eliminar a pressa e o medo de errar. Aliás, em vez de medo, terei cuidado.
9) Em cada dia, estarei bastante atento a tudo que me rodeia, como, por exemplo, uma árvore com uma copa linda, o céu, o clima, o meu estado de espírito, a minha alegria contagiante, o sabor da comida, o prazer da companhia dos meus amigos. Notarei com descontração todas as coisas à minha volta. Serei incrível, radiante e humilde.
10) Tenho consciência de que o medo paralisa as pernas, mas a esperança as faz andar. Não sentirei medo de ser feliz, de amar e ser amado, porque um coração esperançoso realiza qualquer desejo.

Capítulo 3

Para pessimistas

O pessimista não deixa de ser um egoísta, pois tem medo do amanhã; por isso, se previne hoje, guardando tudo o que obtém. Em outras palavras, é um escravo do empilhamento, daquilo que está ainda por acontecer. Muitos chegam às raias da loucura, como se vivenciassem uma economia de guerra invisível. Não vivem, só vegetam, e num estado mental em cada um existe pensando em si mesmo — atitude que, quase sempre, termina em aflição, pena e muita insensibilidade.

Em primeiro lugar, é bom saber que o pessimismo é banhado pelo egoísmo em todas suas nuanças. E este, embora não passe de uma ação natural do homem, é considerado o mais importante foco das dores do mundo. Possivelmente, a principal semente das misérias da existência: como a avareza, a cobiça, o orgulho, a vaidade, a injustiça e o ódio, entre tantos outros males.

Cada homem tem a nítida impressão de que é o centro do universo e deseja desfrutar de todos os benefícios. Encontrando dificuldades, tenta apropriar-se do máximo que pode. Em um dos lados dessa fronteira está o interesse superior, privativo, individual, que cada um tem por si mesmo; do outro lado, situa-se um olhar de apatia e desdém sob um sentimento de inveja que é lançado sobre os demais.

Vivemos em um mundo que dita padrões a partir da necessidade de autopreservação dos fracos e pessimistas. Essas verdades baseiam-se em uma moral que afirma o fraco e denigre os instintos naturais do homem, anulando-os para a vida. Por isso, o prazer de viver é o antídoto para tal veneno. Em outras palavras, prefiro viver no inferno por prazer do que no céu por obrigação.

O pessimista transforma sua vida num verdadeiro tormento, provocando um turbilhão de emoções, em que a principal motivação é o egoísmo. Trabalho que não compensa, relacionamento agressivo, falta de conforto e desequilíbrio material são alguns dos fardos que ele carrega. Sua existência está sempre relacionada à tristeza, a experiências amargas, a cansaço, a desilusões ou ao tédio.

A realidade do mundo material não faria o menor sentido se não existisse o prazer pela vida. Ao contrário disso, assistimos à promoção da mentira, do efêmero, do fútil, o que provoca um distanciamento da verdade, fazendo com que o homem se perca em meio às ilusões.

Enquanto nosso lado racional nos aprisiona, oferecendo-nos uma ilusão através da moral e de seus costumes e conceitos, nossa inteligência emocional brinca com as regras e não se preocupa com as conseqüências. Já o prazer pela vida é a real possibilidade que temos de encontrar a verdade ou de nos aproximarmos dela, nos deixarmos levar pela potência do *querer viver*, o que contribui diretamente para a evolução do ser.

A travessia é simples. Que tal brindar à vida sintonizando-se com o reino dos céus? Essa transformação depende da sua vontade. As técnicas para atingi-la lhe serão transmitidas por mim. E, se você quiser ser feliz, pratique-as desde já. Há quem diga que vivemos num martírio, e o pessimista consegue existir nesse ambiente por obrigação. Veja como se dá esse processo:

- Medo de sair de casa ou de ter a propriedade assaltada: "O que vou fazer? Pôr alarmes, cerca eletrificada, segurança armada, uma guarita, cães de guarda? Quem sabe, talvez, construir um *bunker*?..."
- Medo de ser assaltado: "Vou blindar o carro, andar com segurança. Não posso pagar um segurança e sou mulher; então, vou comprar um boneco, vesti-lo com um terno e colocá-lo ao meu lado no carro."
- Medo de contrair doenças sexualmente transmissíveis: "Li num artigo que o vírus da AIDS é duzentas vezes menor do que o poro da camisinha. Sexo, tô fora!"
- Medo de perder o emprego: "Meu chefe me persegue, sou discriminado, mas como vou pagar minhas contas?"
- Medo de deixar de ser amada: "Onde ele foi e com quem deve estar agora? Quem se casa com homem bonito tem um problema."

Detalhe: os que amam o próximo mas não a si mesmos estão cometendo uma distorção religiosa — isso corresponde à morte ou, no mínimo, os torna propensos a emagrecer uns vinte quilos facilmente. Eles deixam de experimentar suas próprias conquistas, além de perderem tempo com suas limitações. Contudo, insistem em se preocupar com a vida dos outros e não fazem cerimônia em viver como uma sombra ao redor das experiências alheias.

E o que é viver por prazer? É viver sem se ater ao medo: em vez de se preocupar com o óbvio, aposte no inesperado. Imagine um policial que está correndo atrás de um bandido no topo de um prédio. É noite e está escuro. A distância até o bandido é de cerca de dez metros. Ele finge se jogar do prédio, na tentativa de forjar a fuga. É óbvio que o policial vai até a quina do prédio para ver se o corpo do bandido caiu realmente lá embaixo. Surpresa: o bandido surge por trás dele e o empurra. Isso significa que o policial preocupou-se com o óbvio, e não com o inesperado. Deu para entender? Dica: o policial observaria atrás da mureta porque é óbvio que o bandido caiu — e o fato inesperado é ele ser abordado por trás.

A essência é viver com alegria. Como adquiri-la? É preciso saber que se trata de um processo interior — de dentro para fora, e não o contrário. A alegria tem que ser plantada, adubada, regada, tratada e colhida, e assim sucessivamente por quantas vezes forem necessárias. Curtir cada momento: descer no escorregador sujando uma roupa branca, meter as mãos na terra, deixar uma lágrima rolar, observar o orvalho nas plantas, contemplar o pôr-do-sol e ainda ter a capacidade de rir dos próprios limites.

O medo atrai acontecimentos ruins. Nunca sofri um assalto, mas me livrei de muitos, assim como de acidentes e más companhias, entre outras coisas adversas.

Existe no universo uma lei que diz que semelhante atrai semelhante, e essa sentença é absolutamente invariável. Se você entrar na vibração de coisas más, certamente atrairá fatos de igual natureza, o que o levará ao caminho da depressão sem que você perceba. E, uma vez nessa sintonia, não poderá evitar falar palavras más, cometer atos condenáveis e atrair para o seu convívio pessoas negativas, pessimistas e de mau-caráter.

Da mesma forma, se você alimentar idéias de insucesso, se puser sua capacidade de triunfar em dúvida e começar a achar que suas condições piorarão a cada segundo, então atrairá correntes mentais que dificultarão seus negócios. Além disso, encontrará outras pessoas de natureza semelhante, cujo pessimismo concorrerá para seu desastre final. O insucesso atrai o insucesso, assim como os homens que triunfam sempre desfrutam da companhia daqueles que têm o mesmo tipo de mentalidade.

Ainda segundo essa regra, é impossível vibrar na sintonia da doença sem atrair correntes de natureza semelhante. Tais correntes provocam o surgimento de moléstias que afetam os níveis físico e psicológico de pessoas doentias; e estas, em razão de sua mentalidade enfraquecida, farão a doença se estabelecer fortemente em seu corpo.

Esses indivíduos alimentam-se de assuntos sobre hospitais, remédios e estados de apatia. Atraem tipos idênticos e costumam contar relatos sobre mortes e cirurgias de risco. Algumas vezes, são até mórbidos. O processo contrário também acontece. Se você mantiver sentimentos puros, atrairá pessoas de natureza semelhante e de igual quilate. Pela mesma lei, também atrairá pessoas de sentimentos elevados que o ajudarão a progredir. Ideais nobres sempre atraem uma corrente constante e fortalecida, assim como amigos de índole admirável e astral elevado.

Se você nutrir somente sentimentos de êxito, repelindo todas as idéias de fracasso, atrairá mais e mais êxito, fortalecendo suas decisões, inspirando-se cada vez mais no caminho do sucesso, em todos os segmentos. Da mesma forma, conhecerá pessoas felizes e prósperas, que o procurarão e lhe darão oportunidade para progredir ainda mais.

Mais ainda, se você vibrar apenas na sintonia da saúde e da perfeição, afastando toda idéia de doença e mal-estar — mantendo como verdade em sua mente que é possuidor de abundante saúde física e prosperidade —, lhe será possível não só manifestar tudo isso que foi mencionado, como também atrair pessoas de disposição feliz, radiantes, sadias, prósperas e que lhe serão úteis.

Atente, portanto, para a importância de se manter sintonizado apenas com bons sentimentos; estes, por sua vez, produzirão bons pensamentos, que penetrarão em seu subconsciente e se manifestarão em sua vida, no seu dia-a-dia, e no seu jeito de falar, de andar e de encarar as situações cotidianas.

A vontade e a consciência são as guardiãs do subconsciente. São elas que decidem o que entra ou não ali. Tudo o que está à sua volta — jornais, telejornais, amigos etc. — lhe oferece os mais diversos tipos de sugestões. Algumas delas são sempre prejudiciais ao seu crescimento. A atitude mental da maioria das pessoas é desanimadora, pessimista, temerosa e comumente capaz de fazer tempestade num copo d'água. Isso ocorre porque elas não estão acostumadas com a idéia de abundância e coragem, e sim com uma postura de passividade — aceitam a vida como ela é e os fatos como estes se apresentam; e é raro encontrar alguém que pense de modo diferente. Tais pessoas desconhecem o novo, não aprenderam sobre ele, nunca o experimentaram, tampouco estão cientes de que nosso futuro é feito do que aceitamos ou rejeitamos hoje.

E como você pode escapar de uma atmosfera mental destrutiva? Em primeiro lugar, vá para o silêncio de seu quarto ou para qualquer lugar em que possa se isolar da multidão, do barulho externo, e fortaleça-se com a técnica da Proteção Diamante, um dos métodos que apresentei no livro *Jogando com sorte* e que reproduzo a seguir.

Técnica da Proteção Diamante

Essa técnica lhe permite desenvolver tanto a capacidade de atrair quanto de repelir: o põe em sintonia com acontecimentos positivos e afasta o que é mau. É indicada para atrair o que há de melhor à sua volta num raio de cinco quilômetros e também para protegê-lo de qualquer mal físico ou psíquico. Por exemplo, é usada para livrá-lo de um assalto ou de qualquer situação que lhe cause dissabor.

Dominar essa técnica não é uma sorte! É mais ou menos como se o seu subconsciente estivesse equipado com um radar igual àqueles usados em aviões militares, que são capazes de detectar o inimigo antes de vê-lo. Assim, na maioria das vezes, é ativada inconscientemente — trata-se de uma proteção invisível, porém perceptível.

Em termos práticos, se algo vier com força suficiente para matar uma pessoa, o estrago poderá se resumir a um pequeno arranhão. Mas, para isso, é preciso que tenha sido praticada com fé e seriedade, anteriormente.

Proteja-se!

Primeiro passo — Procure sentar-se numa posição confortável e relaxante. Em seguida, faça dez respirações profundas, contando-as em ordem decrescente, de dez até um.

Segundo passo — Tenha sempre em mente que o diamante é um dos materiais mais duros existentes em nosso planeta, que tem a capacidade de refletir a luz de volta à sua origem, o que não acontece com o vidro ou o cristal.

Terceiro passo — Procure sentir, visualizar ou imaginar que um pontinho de diamante, do tamanho de um grão de mostarda e oco, uma espécie de minúscula bolha, começa a se formar dentro de você, em seu plexo solar (situado na boca do estômago).

Quarto passo — A cada respiração que fizer, imagine a bolha crescendo mais e mais, ficando do tamanho de uma bola de gude, de pingue-pongue, de tênis, de futebol... Ela continua a crescer até envolvê-lo por inteiro, isto é, até você ficar dentro dela. Uma bolha de diamante! E que não pára de se expandir para cima e para os lados, até atingir os cinco quilômetros de extensão — sua mente o ajudará a determinar essa medida.

Quinto passo — Tente sentir, visualizar ou imaginar que, a cada respiração que você realiza, a bolha pulsa, crescendo mais e mais, e nunca se esqueça do objetivo, que é a Proteção Diamante. Quando chegar aos cinco quilômetros, você pára (fim da técnica) e não volta ao início.

Observação: Você deve repetir o exercício de uma a três vezes por semana. Treinando e aprendendo, aprendendo e treinando — é assim que se faz. Após obter tamanha proteção, sentirá que nada pode invadir esse campo de força. Às vezes, sua proteção alcançará um fato desagradável e o eliminará antes mesmo de seu consciente tomar conhecimento disso. Treine bastante e usufruirá desse bem invisível aos olhos humanos.

Lembre-se: não quero dizer que você deve considerar inferiores e indignas de sua amizade as pessoas que ainda não adquiriram a consciência que você tem agora, porque tal atitude só lhe será prejudicial. É necessário que você viva em harmonia com seus companheiros; portanto, procure elevá-los com atitudes benéficas e silenciosas. Quando um amigo lhe disser que tudo o que conseguiu está a ponto de naufragar e que o insucesso está batendo à sua porta, sugira-lhe que pode ser o contrário. Quando alguém de sua convivência se achar triste e melancólico, procure despertar-lhe idéias alegres e levá-lo a perceber o lado agradável da vida. Opte por prestar uma orientação positiva, mantendo-se calmo e silencioso e recusando-se permanentemente a aceitar pontos de vista pessimistas.

O maior antídoto para essa atmosfera de dúvida e fracassos, ignorância, materialismo, consumismo desenfreado, medo e insucesso — ou seja, esse grande rodamoinho de desespero, que leva as pessoas a vibrarem no mal — é a afirmação de que tudo é bom. Faça-as ver somente o lado positivo das situações e saber que nada é totalmente maléfico, pois tudo tem um aspecto benigno. Mostre-lhes que podem esperar até mesmo pelo lado bom das experiências desagradáveis. Esse modo de agir, com certeza, corta o mal pela raiz e destrói toda a possibilidade de insucesso. Assim, você não passará toda a sua vida sendo espreitado pelo mal.

Fixando sua atenção somente no lado positivo de toda experiência, considerando um acontecimento desagradável apenas um aviso de que se desviou do caminho do que é bom e verdadeiro e procurando apenas ter sentimentos de paz, alegria, felicidade e bondade, você estabelecerá uma corrente dessas boas qualidades entre você e todos aqueles que o rodeiam. Empenhe-se em fazer todo o bem que puder, sem esperar retribuição, purificando-se continuamente contra atitudes negativas que possam produzir efeitos distorcidos.

Além disso, examine tudo o que for ler: recuse leituras desanimadoras, pessimistas, deprimentes, sem um objetivo elevado ou instrutivo. Lembre-se de que, se você não evitar conscientemente tais publicações, bem como o lado negativo da televisão e do cinema, seu sentimento poderá ser magnetizado por sugestões que, com o tempo, se expressarão em seus atos e em sua comunicação com o mundo. Casos comuns de cenas inspiradas em paixões poderão fazê-lo perder o equilíbrio em sua vida; você será naturalmente alimentado por desejos violentos e, muito mais rápido do que imagina, se forçará a saciá-los. Se, em vez disso, você preferir leituras e filmes elevados, construtivos, altruístas e positivos, essa atitude fortalecerá e inspirará sua alma. Afinal, a pessoa mais sábia é aquela que olha por dentro, para ver se encontra algo que seja otimista, animador e nobre. Sinta se o que está diante de você vai torná-lo melhor, mais forte e mais eficiente. Analise seu espelho interior.

É pouco provável que você prospere, caso se deixe contagiar por coisas negativas, porque elas têm o poder de magnetizar em seu subconsciente sentimentos de fraqueza e insucesso. As principais características que distinguem os que triunfam dos que são malsucedidos são a fé e a capacidade de prosperar. Pensamentos de infelicidade ou de medo nunca entram na mente daqueles que verdadeiramente triunfam. Se você examinar o caráter de qualquer pessoa próspera e feliz, encontrará uma fé absoluta em sua capacidade de obter êxito e a ausência de medo. Ao permitir que a dúvida e o temor penetrem em sua mente minando seus sentimentos, com certeza você estará colocando seu triunfo em risco. Vença o temor e a dúvida, atingindo o êxito pleno, com confiança e coragem renovadas.

Você pode estar se perguntando: "Como posso afirmar, na verdade, que sou uma coisa que sei que não sou?" A resposta é: em todos nós existem dois lados — um racional e outro emocional, como num navio em que há o comandante, que fica na proa (racional), e o operador, que fica lá embaixo, na casa de máquinas (emocional), executando o que o seu superior ordena. Se um *iceberg* for avistado e o chefe da embarcação der uma ordem para o operador ir com toda força à frente, ele vai — principalmente porque este está lá embaixo e não vê nada. É exatamente o que acontece conosco: se deixarmos que coisas boas entrem em nosso subconsciente, ele acreditará fielmente nesses comandos. Aquilo que afirmamos mentalmente se manifestará gradualmente em nossa vida material.

Uma afirmação é uma auto-sugestão colocada em seu subconsciente para que ela se expresse em sua vida. A contínua afirmação de que você possui força, energia, abundância, bem-estar e felicidade o fará sentir tudo isso cada vez mais. Essas qualidades sairão de dentro de você e tatuarão suas próprias imagens em toda a sua vida — por completo e de uma vez por todas —, levando-o sempre a triunfar e a contagiar quem estiver à sua volta.

Não dê poder para as adversidades; em vez disso, brinque com os acontecimentos. As dificuldades existem para serem superadas.

O sentimento é parte de sua realidade neste mundo, sinta-o; os pensamentos, porém, são fraudulentos. Afaste-os de sua mente, não lhes dê vazão, porque eles o colocam numa realidade que não é a sua. Pense em Deus e sinta Deus — você consegue notar a diferença entre essas duas ações?

A origem do fracasso

Para falar sobre a origem de algo, inicialmente precisamos saber o que esse algo significa. Então, o que quer dizer fracasso? Faça uma análise e encontre a resposta dentro de você.

Feche seus olhos, respire profundamente e comece sua viagem. Imagine seu nascimento. Tente se sentir vindo ao mundo, você nunca fez isso antes; portanto, faça-o agora! É para o seu bem; então, você está nascendo!

O nascimento é a primeira crise vivida pelo ser humano, talvez seu momento mais intenso.

Somos expulsos do paraíso (útero) e, quando começamos a sentir essa expulsão, lutamos para ficar, por isso sofremos. Daí por diante, passamos toda a vida à procura desse paraíso. Muitas vezes, o encontramos, porém entramos nele com receio de sermos novamente expulsos.

Desejos, entrega, necessidade de agradar. Corremos o risco de nos tornar amigáveis, por medo de sermos sinceros.

Sentimento de culpa materna — amor incondicional.

Necessidade de ver os filhos felizes — alívio da culpa da mãe.

Necessidade de saber que os filhos são amados por outra pessoa — alívio da carga de responsabilidade.

Entrega — a carga de perder o controle.

Desejo — posso me arrepender.

Se você se sentiu fracassado é porque sempre aceitou essa programação para si. O seu ego está conectado com o seu inferior, o seu coitadinho. Portanto, a sua luta interior é pelo fracasso. Este você já conhece, e lida muito bem com ele; afinal, você sobreviveu até hoje assim. Além de perder, teve muitos ganhos todos os dias, agarrado com seu fracasso.

Imagine a quantas pessoas você está agradando sendo um fracassado? Você não é ameaça para ninguém nem para você mesmo. Não compete e também não ultrapassa limites, não projeta sombras e ainda vibra com o sucesso dos outros.

Imagine uma pessoa vitoriosa. Em que ela difere de você? O que ela tem que você não tem? Cite os adjetivos dessa pessoa. Vocês possuem algo em comum? Use a coragem e o seu eu mais autêntico para fazer essa análise. O fracasso só acontece para quem não tem o hábito de ver as possibilidades.

Se você nunca conseguiu ser verdadeiro, faça isso agora, ninguém o está observando. Lembre-se: você precisa descobrir-se! Torne-se íntimo de você mesmo. Ponha o seu eu para fora como se estivesse tirando sua roupa para tomar banho.

Muito bem, você está conseguindo! Não, não tenha vergonha, pois esse sentimento já foi parte da sua bagagem de fracasso. Retire a vergonha de você. Está difícil tirá-la? Então, analise a existência dela. Por que sente vergonha? Novamente surge o seu eu inferior inseguro, desvalorizando o seu potencial e, assim, dando espaço para outra pessoa (que talvez apresente as mesmas condições que você) se destacar. Sua vergonha o impediu de agir e mostrar seu valor. Você achou realmente que a outra pessoa é melhor? Será que não lhe seria possível fazer o que ela fez ou talvez até melhor? Seja verdadeiro ao responder, caso contrário nada irá mudá-lo.

Não se expor, com medo de desagradar ao outro, de não ser aceito. E até mesmo de perder o que conseguiu. Se você está lendo este texto, é porque deseja mudar, não está contente consigo mesmo; então, provavelmente ainda não conquistou muita coisa, portanto, não perderá muito também.

Se você se expuser, uma nova fase terá início. Uma época de conquistas; e, se isso realmente acontecer, a sua primeira vitória será você mesmo. Ter despertado para a necessidade de correr riscos, de sair da estagnação, de ir além de seus limites.

Agora, você não quer perder o seu eu, por isso vai parar de agradar a todo mundo o tempo todo e se preocupar somente em contentar a si próprio. Com certeza, estando de acordo consigo mesmo, você irá involuntariamente contagiar e influenciar os outros ao seu redor.

É preciso que você seja o protagonista da sua vida todos os dias — ensaie, treine e esteja sempre atento ao seu papel. Ninguém fez melhor que você, mas não é necessário contar isso a ninguém.

Agora, você já se ama. Olhe para o mundo. Observe a natureza, o dia, a noite, a chuva. Sinta o ar, os cheiros e escute os sons — os latidos, miados, risos, choros — e tudo o que estiver à sua volta. Isso é vida. Nesse momento, você já pode identificar aqueles que se sentem ou fracassados ou vitoriosos. Eles não precisam nem verbalizar, pois você é capaz de reconhecê-los pela maneira de andar, de olhar e até mesmo pelo modo como gesticulam e se vestem.

Sinta a sensação de ser vitorioso, de conseguir ser admirado e participante do maior presente recebido, que é a vida. O vitorioso só faz o que lhe dá prazer. No momento em que acorda, ele já agradece o dia maravilhoso que terá. Por ser o vitorioso, lhe é possível realizar os sonhos. Ele vive o presente precioso. É independente e sabe aproveitar cada detalhe do seu dia-a-dia. Cresce em todas as fases da vida, aproveitando tudo, para não se lamentar mais tarde.

O vitorioso não carrega mágoas porque sabe que estas só irão prejudicá-lo, impedindo seu crescimento. Em vez de tais sentimentos, ele usa a compreensão no seu relacionamento com o outro, pois está ciente de que nem todos são vitoriosos e que o comportamento, a atitude, o humor e a maneira de viver são específicos de cada pessoa — e, certamente, elas têm razões para serem desse ou daquele jeito.

O vitorioso ama o que faz e gosta das pessoas em geral. Não conhece impotência. Para ele, tudo é possível. É aquela pessoa, homem ou mulher, em quem você sente que pode confiar de olhos fechados — é firme, segura e, acima de tudo, tem auto-estima muito alta, tão elevada que pode ajudar os demais.

Não confunda o vitorioso com o vaidoso e o narcisista. Estes parecem ser auto-suficientes, porém só parecem, pois, na realidade, carecem demais de auto-estima. Portanto, cuidado com os falsos vitoriosos. Para descobrir quem é quem, basta observar. Normalmente, o vitorioso não conta o que é e o que faz. É humilde e reservado e transmite algo muito bom. É aquela pessoa de quem se escuta falar assim: "Como é bom ficar perto do fulano".

Um pouco antes falei sobre impotência e, provavelmente, você a tenha associado à questão sexual. Contudo, além desse tipo de impotência, que é o temor dos machos, há vários outros. Da mesma forma, existem diversos tipos de orgasmos e de tesão que não são necessariamente de natureza sexual, e sim de natureza profissional, social e emocional, entre outras.

O vitorioso, por exemplo, sente tesão por tudo o que faz, e justamente por isso ele sempre chega ao orgasmo — uma representação real do seu sucesso. O primeiro fracasso não o faz desistir; ao contrário, ele cria novas situações, tropeça e aprende novos recursos para se reerguer e correr em busca do orgasmo.

Chega de ser vítima

A vida exige enorme determinação, mas normalmente surgem o receio e o desespero; em outras palavras, você se "pela de medo". Saiba, porém, que o medo é uma sensação, assim como o calor e o frio, e também pode ser controlado. Os que têm medo de perder não vivem, apenas reagem diante das circunstâncias. Essa sensação aparece em seu mais alto grau na parábola bíblica dos talentos. Antes de viajar, o patrão dá dinheiro para os empregados tocarem o negócio. Todos multiplicaram o ganho, mas o que conseguiu menos, com receio de perda ou roubo, enterra o dinheiro. O restante da história você já sabe; caso contrário, procure-a na Bíblia. (Parábola dos talentos, Mt 25:15 e seguintes.)

Viver com medo não é apenas uma grande covardia — eu diria que é pior que a morte. Um pessimista sabe bem do que eu falo, porque nutre um tipo de paranóia. Ele tem pavor de tudo: do inferno, de pessoas que já morreram e até de Deus. Uma mistura do real com o imaginário — tem medo até de ter medo. Teme uma infinidade de fatos que podem acontecer como ele imaginou. Esse pavor é tão grande, que torna o ato de viver impossível. Quem disser que não sente medo é um bobo, porque a diferença entre o herói e o tolo é que o herói também tem medo, mas o controla. Não estou dizendo que você precisa perder o receio, pois este também é importante; porém, deve ser dominado. Vamos pensar: o corajoso inventou o avião e o medroso inventou o pára-quedas. Estou me referindo à harmonia dos contrários, ao complemento do dia e da noite, ao ativo e ao passivo, e assim por diante.

É necessário começar a viver. E por que é preciso ter coragem? Porque a vida é insegurança. Se ficarmos nos preocupando demais com proteção, a segurança se tornará um confinamento construído por nós mesmos. Será seguro, mas não haverá aventura, êxtase, emoção, novidade, adrenalina e aquela sensação gostosa que nos faz correr riscos e seguir adiante.

Não forme fila com os pobres de espírito, pois estes não conhecem a vitória. Para alcançar triunfo e glória, é essencial ousar, arriscar. Ter amor e esperança. Você consegue imaginar o mundo sem tudo isso? Vou ajudá-lo: lembra-se do World Trade Center — torres gêmeas, Nova York, George Bush *versus* Saddam Hussein? É mais ou menos isso. Tudo desmoronou como resultado da ira e do ódio entre os homens. O pânico se fez presente e o mundo viu de perto o que acontece quando nutrimos pensamentos contrários à caridade. Somos seres espirituais poderosíssimos e o amor é que vai dizer quem você é.

A vida consiste em explorar, entrar no desconhecido, alcançar as estrelas! Seja confiante, deposite tudo aos pés da vida; nada é mais valioso. Não se sacrifique por dinheiro, segurança; nada disso tem valor. Viva intensamente, corra mais riscos, viaje mais, não tenha medo de tomar sorvete de vez em quando. Relaxe! Não seja tão perfeito!

Não receie acordar pela manhã e não ter nada para fazer e, se assim for, aproveite para dar mais voltas na sua rua, brincar com as crianças, ver o pôr-do-sol, que é lindo em qualquer época do ano! Assim, a alegria surgirá, possibilitando realmente o transbordar da graça divina.

Não acredito que seja possível viver sem correr riscos, porque temos que nos mover sempre no desconhecido, no inesperado. Aprenda uma lição fundamental: não existe lar. A vida é uma peregrinação sem começo nem fim. O "lugar" em que você está agora é apenas uma parada para descanso e, pela manhã, lhe será necessário partir novamente. A vida é um movimento constante; não tem fim, é eterna.

Como já disse, somos todos seres espirituais de grande poder, somos heróis só por estarmos na Terra. Para nós, não há morte, só vida: somos eternos. A morte, por sua vez, aprisiona. A pessoa que cultiva o medo não vive, só vegeta. Não vou descer mais. O medo parece um ímã, ele atrai o que você teme.

Se você tem medo da morte, é bem possível que morra rapidamente. Diante de uma situação de perigo, o medroso fica estático ou entra em um estado de apatia. A perda será quase inevitável para aquele que tem medo de perder. E a dor da perda? Ah, essa é terrível, massacra mesmo!

Cuidado! O medo envenena, ele é um pólo negativo da coragem, da determinação, da firmeza e produz uma vibração destrutiva, que corre por todo o nosso corpo. Ele entra na corrente sangüínea e vai intoxicando cada gota de sangue.

Da mesma forma, um sentimento de raiva ou de ódio produz vibrações que são capazes até de coagular o sangue. Uma pessoa que se irrita muda completamente as condições do próprio sangue, produzindo uma substância que, isolada, é capaz de matar muitos seres humanos de uma só vez. Segundo pesquisa realizada por Markovitz em 1991, a depressão, o medo e a raiva podem afetar a coagulação do sangue, considerando um enorme fator de risco para doenças coronárias. A cada episódio de raiva o organismo libera uma carga extra de adrenalina no sangue. O aumento da concentração de adrenalina aumenta o número de batimentos cardíacos e, simultaneamente, os vasos sangüíneos ficam mais estreitos, o que eleva a pressão arterial. A repetição desses episódios pode gerar alteração do ritmo cardíaco (arritmia), aumento da pressão arterial, infarto e uma súbita dilatação das placas de gordura que porventura estejam nas artérias.

Esses sentimentos negativos de que estamos falando, mais precisamente a ira, desmagnetizam os átomos que compõem o corpo físico. Os átomos concentram dados positivos e negativos, formando a polaridade do corpo humano. É mais ou menos como se o corpo se parecesse com um pedaço de ímã. Se você nunca teve contato com esse material, vá a uma loja de consertos de aparelhos eletrônicos, arranje um (é quase de graça) e faça o teste. Em um dos lados, o ímã apresenta átomos positivos; do outro lado, átomos negativos. Assim também é o nosso corpo: temos polaridade magnética, e a raiva pode desmagnetizá-lo, destruindo essa polaridade.

Para captarmos as forças cósmicas, e até mesmo nos harmonizarmos com a natureza, precisamos estar ritmicamente polarizados — isso faz com que tudo flua naturalmente. Quando a polarização do corpo é prejudicada, a primeira conseqüência que sofremos é a baixa de imunidade — deixamos de resistir às doenças. É muito comum alguém passar por um período de fadiga, estresse, depressão ou raiva intensa e apresentar herpes e manchas na pele, entre outros males. Quando seu rádio não funciona bem, ou seja, se estraga, basta trocá-lo. No caso do nosso corpo, é mais complicado...

O sentimento de inveja é outra bomba! Não perca tempo com esse tipo de disputa medíocre. Às vezes, ela nos contamina, colocando-se à nossa frente ou atrás de nós. A vida não é linear. Ela tem altos e baixos, e o nosso desafio é adaptarmo-nos às diversas situações, como a água de um rio que circunda as diversas paisagens. A corrida é longa, e, no fim, esses sentimentos são contrários a nós mesmos, à nossa evolução.

Por outro lado, o sentimento de amor é um verdadeiro rejuvenescedor, não só da alma, mas também do corpo — ele retarda o envelhecimento. É muito comum encontrarmos jovens que parecem velhos e, em contrapartida, vermos idosos que parecem não ter crescido, mostrando uma disposição invejável.

Lembre-se: nunca tenha medo, sempre tenha cuidado; pois, como já disse, se o medo paralisa e faz as pernas tremerem, a esperança as faz andar e até correr. A mesma perna que enfraquece e vacila é a que nos permite saltar. O comando quem dá é você.

E como controlar o medo? Não seja mentiroso, não o ignore, só um tolo não reconhece seus limites internos. Identifique-o. É apenas uma sensação, e como tal pode ser controlado. Sabendo disso, diga sempre para si: *tenho medo, mas sigo em frente mesmo assim!*

Meu Deus, como essa frase mudou minha vida! E dela surgiram outras:

- A coragem vem da consciência do nosso medo.
- A capacidade de enfrentar os problemas vem da consciência da nossa fuga.
- A esperança vem da consciência do nosso desespero.
- A alegria vem da consciência de nossa depressão.
- A força vem da consciência de nossa fraqueza.

Agora também sei que, para aprender a nadar, primeiro é preciso aprender a mergulhar. É aquela velha história da dualidade, lembra-se? E prova também que as dificuldades têm o poder de nos impulsionar, empurrando-nos para frente, fazendo-nos alcançar metas mais elevadas e seguras.

Em algum momento, você descobrirá o que de fato se encontra por trás das palavras. Será justamente quando você não conseguir usar a razão ou esta se tornar insuficiente diante da situação a enfrentar. Em uma escuridão, quanto mais se arregala os olhos, menos se vê; mas se tateia batendo com a cabeça. Então, diga para si mesmo: *eu não sei de nada, mas meu espírito sabe de tudo*. Assim surge a luz. Mantenha sempre em mente que não se trata apenas de palavras ou pensamentos; se você não sentir o que está falando, não terá resultado nenhum.

E, então, já descobriu o que está por trás das palavras? Claro que sim; sem dúvida, é o *sentimento*!

Lembre-se: primeiro conquiste, depois comemore.

Aprenda e treine, treine e aprenda, porque é assim que se faz.

A arte de sentir a vida

Usar o sentimento, em sua essência, é como estar apaixonado. Ninguém pode dizer se você está; você simplesmente sabe, e não tem dúvida nenhuma. Cedo ou tarde, saberá que existe uma diferença entre percorrer o caminho e conhecê-lo. As orientações a seguir podem ajudá-lo nesse processo.

Aproveite o poder e a beleza de sua juventude, ou melhor, esqueça-os, pois você só os compreenderá quando acabarem. Mas acredite: quando olhar suas fotos daqui a dois anos, perceberá de um modo especial o que não consegue entender agora. Comprovará o quanto tinha potencial e boa aparência: você não é tão feio ou gordo quanto pensa.

Não se preocupe com o futuro. A preocupação é eficaz apenas quando se trata de resolver uma equação de álgebra. Que tal mascar um chiclete para descontrair?

Faça todo dia algo que o amedronta — você verá que isso não é nenhum bicho-de-sete-cabeças. Não se pode perder o que nunca se teve. É muito mais fácil formar fila com os pobres de espírito (que não conhecem vitória nem fracasso) do que se arriscar para alcançar triunfo e glória. Nunca tenha medo, sempre tenha cuidado, cautela.

Mantenha-se alegre e contagie os outros com sua alegria. Não seja egoísta guardando-a somente para você, pois o egoísmo — assim como a tristeza — é capaz de arruiná-lo; afinal, como se diz, "uma laranja podre pode estragar toda a caixa".

Não seja irresponsável com o coração dos outros, e não tolere que alguém aja assim com o seu. Pare de se preocupar com o que lhe falta; sinta o que você tem, suas possibilidades. Imagine um copo d'água pela metade. O que você vê? Meio cheio ou meio vazio? Se for meio vazio, reveja seus conceitos, pois você só está notando o que lhe falta, o que não tem! E isso só dificultará as possibilidades de vir a ter. Assim é a realidade.

O bem-estar também se reflete no corpo físico. Tome banho diariamente — terá melhor aparência e se sentirá melhor. Cuide de seu cabelo, não permita que a caspa estrague sua aparência. Conserve a forma física, livre-se dos quilos excessivos. Esteja atento à sua postura, mantenha-se ereto, ande com a cabeça erguida. Use fio dental — essa prática é tão ou mais importante que a escovação dos dentes.

Espreguice-se, não se culpe se não souber o que fazer da vida — as pessoas mais interessantes que conheci ainda não sabiam aos vinte anos, e alguns dos mais interessantes quarentões ainda não sabem.

Lembre-se somente dos elogios, esqueça os insultos.

Tome muito cálcio e seja gentil com seus joelhos, pois sentirá saudade deles quando se forem.

Talvez se case, talvez não. Quem sabe, um dia terá filhos — ou não. Poderá se divorciar aos quarenta anos ou refazer os laços matrimoniais em suas bodas de brilhante. O que quer que faça, não se felicite demais, tampouco se diminua. Apenas sinta tudo como se estivesse apaixonado. Você tem, no mínimo, sempre cinqüenta por cento de chance, assim como todo o mundo.

Aproveite seu corpo. Use-o como puder. Aceite-o e não dê importância ao que os outros pensam dele. É o melhor instrumento que você tem. Divirta-se, dance, ainda que seja na sua própria casa.

Leia os manuais de instruções, mesmo que não os siga. Jamais leia revistas de beleza — elas fazem com que nos sintamos feios, uma vez que não usamos aqueles exageros de maquiagem no dia-a-dia nem temos aqueles corpos magérrimos, sem nádegas nem seios.

E analise até que ponto o que você está vendo é real, verdadeiro. Certo dia, assisti a um anúncio na televisão de um produto para limpar o rosto. Uma modelo mostrava sua pele numa lente de aumento, estava suja. Em seguida, ela passa o produto no rosto com um algodão e mostra a pele novamente: tudo limpinho. Até aí, tudo bem. Porém, os produtores do comercial nem sequer se preocuparam com uma pinta que a moça tinha no rosto, próxima ao queixo. Na primeira vez em que a pinta apareceu na lente, era ampliada; depois, no segundo quadro, apareceu pequena, ou seja, no seu tamanho normal. Nem deu para perceber o truque visual!

Conheça melhor seus pais — você não sabe quando eles vão partir — e seja legal com seus parentes. Essas pessoas são sua ligação com o passado e, provavelmente, as que ficarão ao seu lado no futuro. Entenda que amigos vão e vêm, exceto os poucos que você deve manter em seu convívio.

Esforce-se para transpor barreiras geográficas e sociais. Quanto mais envelhecer, mais precisará dos antigos conhecidos. Se morar numa cidade grande e violenta, tome cuidado para não ficar amargo; se morar no interior, esteja atento para não se tornar doce demais. Procure sempre o equilíbrio.

Viaje. Sinta-se livre; senão, quando tiver quarenta anos parecerá ter 85. Cuidado com quem o aconselha, mas tenha paciência. Aconselhar é uma forma de tirar o passado do lixo, limpar a poeira, maquiar suas partes feias e reciclá-lo para valer mais.

Confie em mim, viva com intensidade, dedicação e gosto pela vida, mas tenha cuidado: use filtro solar!

Senhor pessimista, todo ser tem a capacidade de se curar. O objetivo deste livro é fazer com que você se conecte com a vida por um prisma muito mais brilhante, fazendo-o notar que, evitando viver por ter medo disso ou daquilo, você não estará se protegendo de coisa nenhuma. A vida acontece lá fora. É uma grande ciranda. A única possibilidade de se proteger contra o mal é se vincular com o bem, amar e ser alegre e feliz. Em outras palavras, onde há luz não há trevas!

Faça uma experiência: olhe ao seu redor e observe que, entre um móvel e a parede ou debaixo de uma árvore, existe uma sombra. Pois bem, perceba que ali não há luz; portanto, a luz está onde você está. Fique na luz. Esteja preparado para qualquer coisa! Tudo na vida tem dois lados. Então, procure sentir a parte boa de tudo — sinta e não será mais um pessimista, e sim um *contemplador*.

PARTE 2

Utilize seus poderes: emoções, corpo e energia

Capítulo 4

As emoções e o bem-estar físico

O processo de curar emoções é bastante lento. Muitas pessoas relutam em aceitar suas fraquezas e defeitos, e, na maioria das vezes, culpam os outros por suas infelicidades. Se o assunto é afetivo, o parceiro é sempre apontado como o causador das discussões — jamais olhamos para dentro de nós mesmos. Em geral, nos esquecemos de analisar em que estamos falhando. Assim, aumentam os sentimentos de possessividade e ciúme doentio, a falta de diálogo se instala e, conseqüentemente, cresce o número de separações.

Se o que está em desordem é a área da prosperidade, a casa das realizações profissionais, xingamos o chefe, atribuímos defeitos à nossa atividade, enumeramos as deficiências do departamento a que pertencemos e, o pior, não empreendemos nenhum esforço para melhorar o ambiente em que passamos a maior parte do tempo. E, quando surgem a insatisfação e a depressão, simplesmente continuamos a reclamar da vida.

Por outro lado, se o que nos aprisiona é o físico, sempre corremos atrás dos médicos para que eles resolvam os nossos males, de preferência com a maior rapidez possível. Esquecemos que guardamos presa na garganta a emoção diante de um desaforo, que nutrimos mágoa por aqueles que nos rodeiam, que invejamos os mais próximos e que permitimos que o medo tome conta dos nossos sentidos. Qual é o resultado de tudo isso? Ausência de sentimentos fundamentais: paz interior, alegria de viver, leveza, harmonia e equilíbrio, o que contribui diretamente para o aparecimento de disfunções psicossomáticas.

O bem-estar é conquistado com uma certa demora; ele depende essencialmente de vontade firme, pois se trata de um processo interno. De que adianta você ingerir somente alimentos saudáveis e de baixo teor calórico, se vive se culpando por estar com uns quilinhos a mais? Sabe quando ficará mais magro? Apenas quando se dispuser a encarar seus sentimentos e perdoar-se, a aceitar-se como é verdadeiramente e passar a gostar de si mesmo. Como num passe de mágica, o ponteiro da balança diminuirá.

As emoções são passageiras. Quando tentamos bloqueá-las, tudo o que conseguimos fazer é reprimi-las, empurrá-las para o subconsciente, para não termos que lidar com elas naquele momento. Na verdade, congelamos o que estamos sentindo, o que causa uma estagnação, e esta contraria a natureza básica do movimento, contribuindo automaticamente para o desequilíbrio emocional. Esse procedimento se manifesta imediatamente no corpo por meio de diferentes tensões musculares que sempre acompanham determinadas emoções. Ao não libertá-las, também conservamos as tensões, que se tornam crônicas, uma espécie de couraça defensiva.

Uma pessoa que não se permite sentir emoções negativas torna-se também incapaz de sentir emoções positivas. Na tentativa de justificar a dor que sentimos diante de acontecimentos desagradáveis, nos escondemos atrás de um muro de insensibilidade, por isso acabamos também distantes dos sentimentos de amor, prazer e afeto. Somente quando as defesas estão ausentes é que somos capazes de perceber e expressar afetividade. A presença de emoções negativas está relacionada com a ansiedade, que assume formas específicas, como ansiedade respiratória (falta de ar), cardíaca (taquicardia), digestiva (gastrite, úlceras) e urinária (cistite).

A libertação desse desconforto interior, criado por nós mesmos, é possível por meio da conscientização e quando compreendemos o processo que contribuiu para o desequilíbrio, com seus reflexos no corpo, na mente e no sistema energético. O sucesso está na aceitação real do problema, que tem que ser sentido. Contudo, essa decisão pouco adiantará, e sequer surtirá efeitos satisfatórios, se você a tomar somente para chamar a atenção daqueles que o rodeiam ou para obter reconhecimento e aplauso. O compromisso é com você mesmo. Então, deseje com intensidade a sua cura real. Use seus poderes. Transforme sua vida.

Onde está o seu problema?

As características físicas e psicológicas relacionadas aos desequilíbrios emocionais são relativas e variáveis. A relação a seguir não deve ser interpretada de forma absoluta, mas como uma maneira simples de identificar pontos fracos. Veja em quais órgãos você apresenta mais fragilidade e descubra o que isso pode significar em termos de características pessoais e comportamento.

Baço e pâncreas — Pessoa inquieta, de mente cansada e memória fraca. É sonolenta e bastante intranqüila.

Bexiga — Pessoa que apresenta fadiga nervosa, medo e confusão mental. Queixa-se à toa. Sente frio e sensibilidade nas costas. Tende a se curvar. Tem sensibilidade nas pernas e no baixo-ventre, além de pouca flexibilidade na parte de trás das pernas.

Coração — Pessoa que apresenta falta de vivacidade e de vontade. Deprimida, angustiada, tímida, nervosa e estressada. Sua excitação emocional se caracteriza por risos e soluços, chegando à histeria. Tende à inquietação, que tenta manter sob controle.

Estômago — Pessoa que sempre deseja buscar o caminho mais curto. Gosta de comidas macias e frias. Faz suas refeições de forma irregular e tende a comer sem mastigar, geralmente realizando alguma atividade simultânea, como assistir televisão. Pensa demais, é apressada e está sempre ansiosa para conseguir o que quer. Trabalha exageradamente e dorme mal.

Fígado — Pessoa mal-humorada, nervosa e de temperamento agressivo. Sente-se confrontada e se descontrola por pequenas coisas. Também lhe são peculiares o desequilíbrio emocional, a cólera e a irritação. Teimosa, trabalha impulsivamente até à exaustão. Tende a comer e beber em excesso.

Intestino delgado — Pessoa de pensamento obsessivo e profundamente triste. Sua sensibilidade exagerada leva-a a magoar-se com pequenas coisas. Tende ao excesso e ao desassossego. É propensa à anemia.

Intestino grosso — Pessoa de mentalidade negativa. Desaponta-se com facilidade. Eternamente insatisfeita, tende à introspecção, ao isolamento interior. É propensa à diarréia ou à constipação. Apresenta erupções na pele, congestão nasal e corpo frio.

Pulmão — Pessoa de pouca sensibilidade, supersensível a críticas. Apresenta falta de energia e muita ansiedade. Sujeita a colapso mental quando colocada sob pressão.

Rim — Pessoa que se caracteriza pelo medo, pessimismo e desânimo. Também se distingue por falta de motivação, depressão, ausência de determinação, indecisão, cansaço, mau relacionamento familiar, ausência de desejo sexual, problemas sexuais e debilidade dos órgãos reprodutores. Reclama demais e é detalhista.

Sistema circulatório — Pessoa com falta de amor-próprio e pouca energia. Não consegue realizar projetos. Desligada, dispersa no trabalho, propensa a oscilações emocionais, além de mostrar-se nervosa quando em público.

Vesícula biliar — Pessoa sem garra e determinação. Tende aos seguintes males: insônia, nervosismo, irritabilidade, cansaço ou fraqueza visual (olhos sensíveis à luz), fadiga e dor nas pernas e dificuldade de digerir alimentos gordurosos.

Capítulo 5

Conserve sua forma física: comece por uma alimentação nota 10

"Mente sã em corpo são." Já falamos de pensamentos, sentimentos, emoções e equilíbrio de energias. Mas somos também o reflexo de tudo o que ingerimos. Chegou a hora de você aprender a gostar de si mesmo por fora e a consumir somente alimentos que lhe fazem bem.

Estamos morrendo mais em razão das quantidades excessivas de *sal*, *açúcar* e *gorduras* que ingerimos. Esse hábito, além de nos tornar mais obesos e sedentários, faz com que fiquemos também mais frágeis e propensos a contrair doenças, tais como diabetes, câncer etc.

O corpo e o cérebro humanos evoluíram muito em milhões de anos, mas ainda não consigo entender por que muitos de nós passam boa parte da vida sentados num sofá e, como se não bastasse, ainda consomem grandes quantidades de gordura. Será que foi pelo fato de nossa espécie ter conseguido desenvolver e, em seguida, assegurar sua capacidade de sobrevivência? Talvez; mas, se não for, parece.

É possível que, do ponto de vista racional, o ser humano tenha sido capaz de conquistar tudo; porém, no que diz respeito a sentimento, à emoção, ainda está muito despreparado. Mas fique tranqüilo: não lhe será necessário lutar para conquistar seus sentimentos, porque você já os tem — só precisará deixá-los fluir melhor. O primeiro passo em direção a esse objetivo diz respeito à alimentação: diminua o consumo de carne vermelha e aproveite mais o bom uso que pode fazer da carne branca e das verduras e hortaliças em geral.

Adote uma alimentação mais balanceada e natural — use o menos possível de química. Tome mais sucos naturais e menos refrigerantes, por exemplo. Cuidando da sua dieta alimentar, você também estará contribuindo para o futuro da humanidade com a formação de um DNA sadio. Fique tranqüilo: a raça humana não vai se extinguir; no futuro, seremos humanos, sim, mas talvez não terráqueos.

A alimentação é mais que importante — é essencial. Veja: a única coisa que o ferreiro e o filósofo têm em comum é o fato de as palavras que designam suas profissões começarem com a letra F. Se dermos a alimentação do ferreiro ao filósofo e vice-versa, a questão se complica para ambos, pois um é trabalhador mental e o outro, braçal; e o nosso objetivo não é nos transformarmos em trabalhadores braçais. Mas lembre-se: nem tanto ao mar nem tanto a terra. Eu, por exemplo, passei um ano e oito meses comendo unicamente frutas. Em muitas viagens para lugares os mais estranhos possíveis e enfrentando diferenças terríveis nos hábitos alimentares — e tendo que me adaptar —, tomei a seguinte decisão: reduzi minha dieta para cerca de setenta a oitenta por cento de frutas e complementei os outros vinte a trinta por cento com cereais, vegetais e carnes magras. Dessa forma, consegui manter meu equilíbrio físico e minha saúde.

Conhecendo melhor os alimentos

Você emprega regularidade na realização de suas atividades? Equilibra trabalho, lazer e prazer? Faz uma alimentação correta? Tem certeza de que suas refeições são realmente balanceadas?

Na hora de escolher o que pôr no prato, é importante considerar que todos os alimentos levam um valor nutricional para o organismo. As gorduras, por exemplo, sofrem restrições generalizadas, mas o que poucos sabem é que elas são fundamentais à produção hormonal e ao transporte de vitaminas.

Saiba um pouco mais sobre os alimentos:

Carboidratos — Classificados em simples (açúcares, doces) e complexos (massas, arroz, pães e cereais), eles são as maiores fontes de energia para o organismo. As fibras presentes nos grãos, vegetais e frutas são carboidratos que o organismo não digere e que melhoram as funções intestinais e auxiliam no controle do peso.

Gorduras — De alto valor energético (nove calorias por grama), devem ser consumidas de forma controlada. Atuam na produção hormonal, absorção de vitaminas (A, E, e K) e proteção dos órgãos. Existem as saturadas (presentes em alimentos de origem animal — manteiga, leite, queijo, carnes etc. — e também no coco) e as insaturadas (de origem vegetal). As gorduras saturadas precisam ser evitadas, pois aumentam o risco de ocorrência de doenças cardiovasculares.

Proteínas — Encontradas em alimentos como carnes, ovos, leite, feijão e leguminosas, são essenciais para o crescimento, a reparação e a construção dos tecidos.

Vitaminas e sais minerais — São substâncias que não fornecem calorias e regulam o metabolismo. Estão presentes nas frutas, legumes e verduras.

A ausência de alguns representantes desses grupos alimentares nas suas refeições pode acarretar-lhe alguns problemas. A falta de proteínas, por exemplo, provoca aumento da flacidez e enfraquecimento dos cabelos. A deficiência de vitaminas e sais minerais diminui a resistência do organismo a doenças.

Combinação alimentar

Quando falo em combinação alimentar, não estou me referindo ao fato de um alimento não ficar bem com outro por ser mais feio, mais bonito, mais nutritivo etc. Eles não combinam porque, se ingeridos na mesma refeição, se tornarão ácidos, fermentando e gerando gases. A terapia que trata as doenças pela nutrição (trofoterapia) explica por que precisamos aprender a combinar os componentes da nossa alimentação a cada dia.

Talvez um de nossos piores problemas seja o excesso de gases — formados dia após dia, eles liberam radicais livres que, mais cedo ou mais tarde, darão origem a doenças degenerativas. Os gases se movimentam no organismo com mais rapidez que a água e o sangue, causando dores no baixo-ventre e nas costas, tonturas, acidez no estômago e no sangue, gastrites, úlceras, retenção de líquidos e até mesmo envelhecimento precoce.

A questão dos gases é tão séria, que na maioria dos países não se fazem cirurgias na parte central do corpo sem que se realize uma lavagem intestinal prévia. Os gases também representam um risco à saúde pelo fato de poderem condensar-se e formar amônia no organismo humano, e esta pode ser cancerígena.

A fermentação intoxica todo o organismo e baixa as defesas. Há também um problema curioso: em razão da fermentação, os gases formados no intestino podem ser explosivos.

O problema relativo aos gases se agrava quando a refeição concentra uma grande variedade de alimentos, pois isso multiplica a possibilidade de má digestão e fermentação. Assim, torna-se imprescindível a combinação alimentar na vida de cada um e, principalmente, na sua vida.

Então, não se esqueça destas duas regras:

1) Nunca combine nenhum tipo de verdura com fruta na mesma refeição, a não ser o abacate, considerado uma fruta neutra.
2) Se quiser tomar um suco de fruta, faça isso trinta minutos antes da refeição.

Classificação das frutas

Ácidas

Não combinam com outras qualidades de frutas nem com massas. Laranja, morango, acerola, uva, abacaxi, tangerina, nectarina, carambola, pitanga etc.

Doces

Não combinam com outras qualidades de frutas, mas combinam com massas. Maçã, pêra, mamão, goiaba, banana, caqui, laranja-lima etc.

Unitárias

Não combinam com nenhum outro alimento nem entre elas. Melancia, melão e jaca.

Neutras

Combinam com frutas ou verduras, exceto com as frutas unitárias. Abacate, manga, ameixa.

Observação: As massas não combinam com outras massas nem com cereais. Então, o arroz, que é um cereal, não deve ser ingerido na mesma refeição com o macarrão, porque este também é um carboidrato.

Classificação dos grupos de alimentos

Reguladores

São os alimentos que, quando usados crus, fornecem a seiva viva para o corpo. Também são ricos em enzimas, substâncias que respondem pela aceleração dos processos químico-fisiológicos do organismo — sem elas não há metabolismo. Fazem parte deste grupo frutas e verduras.

- Frutas ácidas
- Frutas doces
- Frutas unitárias
- Verduras: cenoura, beterraba, rúcula, pepino, pimentão, nabo, rabanete, chuchu, alface, vagem, brócolis, quiabo, couve, espinafre, repolho, escarola etc.

Construtores

São os alimentos que contêm basicamente proteínas, chamadas comumente de "tijolos", dado o seu papel na construção do corpo humano. Fazem parte deste grupo as proteínas animais, as proteínas vegetais e as leguminosas.

- Proteínas animais: carne bovina ou outras carnes vermelhas; carne branca — as mais saudáveis são os peixes e o frango caipira; leite; ovos; manteiga; queijo; requeijão; coalhada; iogurte etc.
- Proteínas vegetais: abacate, castanha-do-pará, amendoim, soja, azeitonas, lentilha, gergelim, ervilha, linha-

ça, pecã, tâmara, nozes, coco, avelã, azeite de oliva e sementes de abóbora, girassol e jaca, entre outros.
- Leguminosas: guando, ervilha, fava, feijão, feijão-verde, grão-de-bico, lentilha, mangalô etc.

Energéticos

Como o próprio nome diz, são alimentos que dão energia ao corpo, para que possamos fazer frente ao desgaste do dia-a-dia. Muitos confundem a necessidade de ingerirmos proteína (às vezes entendida como carne e gordura) com a de consumirmos alimentos energéticos. Fazem parte deste grupo as massas, os cereais, o mel e a cana-de-açúcar, bem como todos os seus derivados.

- Massas: macarrão, pães, batata, purê de batata, purê de mandioca, lasanha, coxinha, empadão, pastelão etc.
- Cereais: arroz, milho, trigo em grão, granola, aveia, canjica, sorgo, cevada etc.

Lembre-se: você é o que come; portanto, independentemente da sua vontade, os alimentos serão transformados pelo corpo em sangue, células e órgãos, isto é, em vida. As células utilizam gordura para a formação de suas membranas. Se a gordura que elas receberem for só de origem animal, a textura das membranas será frágil, facilmente rompida pelos diversos tipos de vírus. Assim, é necessário que nossa alimentação contenha quantidades maiores de gordura vegetal, pois esta nos proporciona mais resistência a esses microrganismos do que a gordura animal.

Também vale a pena manter em mente: o que comemos volta a viver em nossas células e na expressão do nosso temperamento.

Outras recomendações importantes:

- Evite gorduras saturadas — elas estão presentes em alimentos como manteiga, margarina, banha de porco e nas frituras e nos refogados em que o óleo fica frigindo.
- Quem tem uma dieta rica em vitamina C costuma apresentar pressão sangüínea estabilizada e alto nível de HDL no sangue. O HDL é o colesterol bom, que ajuda a manter as artérias livres do LDL, o colesterol ruim. Outro hábito que previne a pressão alta é comer frutas que tenham um elevado teor de fibras. A laranja é um alimento que atende a essas duas exigências: contém boa quantidade de fibras e de vitamina C.
- Comer apenas três a quatro variedades de alimentos em cada refeição, mas com o cuidado de variar dia após dia, pois nenhum alimento concentra todas as substâncias de que o organismo necessita.
- Não lambiscar entre as refeições. Deixe sua máquina descansar — a máquina que trabalha em excesso tem mais possibilidade de entrar em pane do que aquela menos sobrecarregada. Outro risco que essa prática acarreta é o aumento de radicais livres no organismo. Então, o certo é fazer no máximo três refeições por dia. Quando sentir fome fora de hora, tome bastante líquido — água ou sucos.
- Andar ou movimentar-se após as refeições.
- Comer em ambientes calmos e agradáveis.

SUGESTÃO DE UM ALMOÇO

- Cerca de cinqüenta por cento de salada de verduras cruas.
- Cerca de cinqüenta por cento de um tipo de massa ou de um tipo de cereal.
- Dois tipos de verduras cozidas no vapor.

Observação: Uma pequena porção de carne branca ou de proteína vegetal pode ser incluída, desde que a pessoa não esteja seguindo uma dieta de emagrecimento.

Óleos vegetais

Ressalto que é sempre melhor para a saúde adicionar o mínimo possível de óleo e gorduras aos alimentos. Os óleos mais indicados ao consumo são o azeite de oliva, o de girassol, o de milho e o de canola. Esses óleos são ricos em ácido linoleico, que atenua a tensão pré-menstrual (TPM) dada a sua capacidade de aumentar a concentração de serotonina (um neurotransmissor) no organismo. Como a serotonina incrementa a sensação de bem-estar, a mulher se sente menos afetada pela TPM.

Quem já passou dos trinta anos tem mais motivos para incluir esses óleos no cardápio, mas lembrando-se destas duas recomendações:

1) Os óleos devem ser usados em pouquíssimas quantidades para não causarem intoxicações no organismo ou liberarem radicais livres. Quanto mais quentes estiverem, mais toxinas estarão produzindo.

2) Se um alimento ficar um pouco seco ao final do preparo, use azeite de oliva, que é rico em vitamina e um ótimo antioxidante. Além disso, ele promove o aumento do HDL (o bom colesterol) e a diminuição do LDL (o colesterol ruim). E mais: é excelente para a pele e a circulação.

A hora da fome

Equilíbrio é a palavra-chave para uma alimentação saudável. *O ideal é fracionar os alimentos em cinco refeições ao longo do dia.* O jejum faz um grande mal à saúde e é um erro muito comum praticado por aqueles que almejam perder peso. O sangue precisa manter constantes os níveis de glicose no corpo, pois esta substância é responsável pelo bom funcionamento cerebral; e sem a ingestão de alimentos, tais níveis ficam reduzidos. É importante que você tenha sempre à mão uma fruta ou uma barra de cereal para evitar intervalos prolongados entre as refeições e não prejudicar o metabolismo corporal.

Veja agora algumas recomendações que o ajudarão a seguir uma dieta alimentar mais saudável:

- Procure variar a forma de preparar os alimentos.
- Ingira líquidos (água, sucos e chás) com freqüência — no mínimo, dois litros por dia, para garantir uma boa hidratação. Procure evitar refrigerantes e bebidas alcoólicas, que, além de não conterem nutrientes, podem causar danos à saúde.

- Não coma andando, vendo televisão ou com pressa.
- Mastigue vagarosamente, aproveite melhor cada nutriente. Comer devagar também aumenta a sensação de saciedade.
- Nunca deixe de fazer a primeira refeição após acordar, pois seu organismo passou muitas horas sem se alimentar enquanto você dormia. O desjejum garante o bom funcionamento do cérebro e do organismo em geral.
- Não faça uma dieta baseada somente em um tipo de nutriente.
- Nos lanches entre as refeições, prefira as frutas, iogurtes *light*, barras de cereais ou bolachas integrais aos salgadinhos e doces.
- Evite embutidos, enlatados e frituras.
- Leia sempre o rótulo das embalagens dos alimentos industrializados; procure se informar sobre os nutrientes e o teor de calorias que eles contêm.
- Não deixe faltar fibras em sua alimentação; além de reduzirem a sensação de fome, elas previnem o aumento de colesterol.
- Evite dormir logo após as refeições. À noite, procure comer pouco e não consuma alimentos pesados.
- Não coma por impulso ou em momentos de grande ansiedade. Descontar as frustrações no prato é outra causa de danos à saúde e ao bem-estar.
- Seja para melhorar o desempenho esportivo, seja para perder peso, não altere sua alimentação por conta própria. Consulte sempre um nutricionista para orientá-lo adequadamente.

Complementos naturais para sua dieta

Ginseng — Usado há milhares de anos no Oriente, o ginseng é considerado o "energético definitivo" para todos os que querem se sentir mais vibrantes. Estimula o sistema imunológico e revitaliza as células brancas do sangue (macrófagos e células *killer* naturais), que devoram os microrganismos causadores de fadiga. O ginseng também estimula a produção de interferon (substância produzida pelo próprio corpo e que auxilia as células de defesa no combate a vírus e até a células cancerígenas) e de anticorpos, que agem contra as infecções bacterianas e virais causadoras de fadiga. Tomar uma cápsula de 300g duas vezes ao dia.

Cavalinha — Indicada nos casos de micções freqüentes durante a noite e de presença de pequenas quantidades de sangue na urina. Tomar na forma de chá, na seguinte medida: uma colher de sopa para meio litro de água. Abafar e tomar uma xícara três a quatro vezes ao dia, mas nunca em horários próximos às refeições.

Ômega-3 de 500mg — É um ácido graxo útil na prevenção de doenças cardiovasculares. Seus efeitos cardioprotetores parecem ser em função da diminuição de triglicerídeos no sangue e do aumento da fluidez sangüínea. Tomar uma cápsula três vezes ao dia, junto com as refeições.

Cloreto de magnésio P. A. (Para Análise) — É um mineral que faz parte da clorofila. Quase nunca é encontrado em estado puro. É indispensável à vida. No corpo humano, localiza-se principalmente nos ossos e desempenha papel importante na ativação das enzimas, no aproveitamento do fósforo pelo organismo e no relaxamento de músculos e nervos, além de ser excelente para dissolver calcificações. O cloreto de magnésio evita a doença da próstata, elimina calcificações da coluna — como o bico-de-papagaio —, ciática, artrites e artroses, além de evitar fadiga e infecções. Contra-indicações: nos casos em que a pessoa apresente mau funcionamento da tireóide e grave problema renal. Para saber a quantidade e a freqüência na dosagem recomenda-se a consulta a um médico de sua confiança.

Receita para melhorar seu desempenho sexual

Ingredientes
2 cápsulas de óleo de alho
1 colher de sopa de mel
1 limão-galego (de casca fina)

Misture o suco do limão-galego com o mel. Ingira a mistura de limão e mel juntamente com as cápsulas de óleo de alho imediatamente após o preparo. No primeiro mês, tome duas vezes ao dia: de manhã, em jejum; e à noite, antes de dormir. No segundo mês, consuma apenas uma vez ao dia. Atenção: se sua glicose estiver um pouco alta, não adicione o mel.

Observações: O suco de repolho roxo também é muito usado com a finalidade de melhorar o desempenho sexual. Outro procedimento importante é tomar, no mínimo, seis a oito copos de água por dia, bem como os chás afrodisíacos que existem na fitoterapia. E não se esqueça de que a atividade física é sempre benéfica. A prática regular de exercícios combate a falta de desejo sexual, além de diminuir os riscos de doenças cardiovasculares, má circulação, osteoporose, depressão e obesidade.

Sucos antioxidantes

A maioria dos vegetais é antioxidante por natureza, mas alguns deles podem ter mais princípios ativos antioxidantes que outros, como é o caso da cenoura, da couve, do almeirão e do brócolis. A seguir, estão relacionadas três receitas com esses vegetais que, entre outros benefícios, estimulam a produção da enzima S.O.D (superóxido dismutase), um antioxidante natural do corpo para combater radicais livres.

Você deve tomar os sucos imediatamente após o preparo, duas vezes ao dia: trinta minutos antes das refeições ou duas horas após realizá-las. Consuma-os de forma intercalada: use um deles por dois ou três dias da semana e, depois, substitua-o pelos outros. Todos podem ser preparados no liquidificador ou na centrífuga, adicionando-se um copo d'água aos vegetais. Por serem energéticos, é melhor não ingeri-los durante a noite.

Suco de cenoura com couve — Use duas cenouras para uma folha de couve.

Suco de cenoura com almeirão — Use duas cenouras para três folhas de almeirão.

Suco de cenoura com brócolis — Use duas cenouras para duas folhas de brócolis.

Observação: Se desejar, eventualmente utilize beterraba em vez de cenoura.

Você tem também outra opção de receita com vegetais diversos: uma fatia de pimentão, uma fatia de pepino, uma fatia de chuchu, uma folha de repolho, uma beterraba pequena, uma cenoura pequena e talos de couve. Bata tudo no liquidificador com um copo d'água, coe e tome uma a duas vezes ao dia, logo após o preparo.

Talvez você ache graça de terapias tão simples, por ter estado há muitos anos no caminho do bezerro. Explico: muitos dizem que seria preciso consumirmos uma tonelada de alho ou centenas de quilos de frutas para que os benefícios proporcionados por esses vegetais fizessem alguma diferença em nossa vida. Pode ter certeza de que essas pessoas — incluindo profissionais da área — ainda estão seguindo o caminho do bezerro, talvez por estarem visando ao lucro, talvez por ignorância, talvez por simples despreparo científico. Afinal, pesquisas ultramodernas e comprovadas atestam que a alimentação natural, rica em antioxidantes e livre de agrotóxicos, é a verdadeira garantia para um corpo são e uma mente saudável.

Os segredos do abutre e da lagarta

Certa vez, prestei assessoria a um terapeuta e produtor de mel chamado Antônio Carlos Niemeyer. Alguém roubara as caixas de abelhas que ele mantinha em uma floresta de eucaliptos nos arredores de Brasília. Chegamos ao local desprovidos de lanterna, e era uma noite sem lua. Embrenhados na mata, tivemos que nos guiar pela minha visão paranormal até encontrarmos as caixas de abelha quebradas. Dali, orientados por minha intuição, chegamos ao suposto ladrão, que morava a dois quilômetros do local. Era um homem humilde, que roubara o mel para alimentar os filhos doentes. Antônio achou melhor deixar o homem em paz e oramos pela saúde daquelas crianças.

Antônio Carlos tem uma compleição física e emocional mais que saudável, fora do comum. Um dia, ele me falou acerca de um regime que ele, seus filhos e alguns de seus clientes seguiam. O regime é baseado em dois segredos: o do abutre e o da lagarta.

Segundo ele, o segredo do abutre é beber muita água para lavar seu estômago e paredes intestinais. Por isso, esse animal pode comer tudo o que encontra pela frente sem que lhe faça mal. O segredo da lagarta está em absorver a clorofila encontrada no verde das folhas das quais se alimenta.

Tais segredos são aplicados ao homem da seguinte forma:

- Beber bastante água ao longo do dia para promover a limpeza total do estômago e das paredes intestinais. Se preferir, andar com uma garrafa térmica ao alcance das mãos, cheia de chá preto ou chimarrão. (Ao contrário do que acontece com a água pura, o chá não é enjoativo quando bebido em grandes quantidades.)
- Preparar um suco de folhas verdes (alface, agrião etc.) no liquidificador e beber um copo uma hora antes do almoço. As células se alimentarão daquela energia e, depois, “fecharão suas bocas”. Na hora do almoço, e nas demais refeições, a pessoa poderá comer o que quiser — até mesmo feijoada —, pois o organismo, já alimentado, não absorverá nada daquilo. O estômago e os intestinos,

limpos e saudáveis, logo expelirão o excesso para fora do organismo. Também é recomendável tomar um suco de abacaxi — preferencialmente com hortelã e sem açúcar — cerca de quatro horas após a ingestão de carne, feijoada e alimentos pesados em geral, para eliminar o excesso de gordura.

Só para mulheres

Uma das pessoas mais interessantes que conheci foi a doutora Holly Atkinson, ex-integrante da equipe da Fundação Rockefeller, em Nova York. Ela explicou que, para que o corpo humano desfrute dos benefícios proporcionados pelos alimentos energéticos básicos, é preciso alimentá-lo com o combustível que o faz funcionar melhor. Ela oferece as seguintes sugestões:

1) Vise ao equilíbrio nutricional. Cuidado com as dietas que recomendam baixo teor de carboidratos, poucas frutas e vegetais ou que sejam muito pobres em proteínas vegetais — você necessita desses nutrientes para energização.
2) A parte principal de suas refeições deve consistir em carboidratos complexos; portanto, concentre-se neles: massas, pães integrais, cereais, batata, arroz integral, ervilha e feijão. Opte por produtos naturais ou minimamente processados. Você precisa de carboidratos para ter energia. Sem eles, seu corpo é obrigado a quei-

mar gorduras e proteínas (inclusive de músculos e órgãos) para obter energia. Isso leva à formação de substâncias tóxicas que provocam fadiga e exaustão.

3) Evite os carboidratos simples. Procure não consumir nenhuma forma de açúcar: seja o que está no açucareiro, seja o que já foi incorporado aos alimentos. O açúcar provoca um estimulo rápido, sempre seguido de uma queda rápida. Se você é viciada em doces, sirva-se de frutas frescas ou secas, que são naturalmente adoçadas.
4) Fuja das gorduras. Uma refeição gordurosa causa fadiga imediata: você conhece situações em que pessoas que terminam uma refeição desse tipo caem no sono quase que imediatamente. O consumo de gordura aumenta temporariamente os níveis sangüíneos de gordura, que criam resíduos no sangue. Um número menor de células vermelhas do sangue, responsáveis pelo transporte de oxigênio, chega aos músculos e a outros tecidos; assim, os resíduos se acumulam e a fadiga aparece. Uma mulher consome, tipicamente, oito colheres de sopa de gordura por dia. A necessidade diária é de apenas uma colher de sopa de óleo vegetal!
5) Controle a ingestão de proteínas. Você precisa delas, mas não em quantidades excessivas. A mulher consegue eliminar em média 40g de proteínas por dia. Quando em excesso no organismo, esses nutrientes sobrecarregam os rins. Aumente o consumo de frutas e vegetais e tire proveito dessas grandes fontes de carboidratos.

6) Complexos energéticos: contêm pouquíssimas calorias e são ricos em vitaminas e minerais. Ingira-os diariamente.
7) Coma ferro para obter energia. Enriqueça sua corrente sangüínea com alimentos ricos em ferro, e não se esqueça de melhorar o processo de absorção dessa substância: consuma também alimentos que tenham grande concentração de vitamina C. Lembre-se de tomar vitamina B12. Esses nutrientes são encontrados em vegetais folhosos, germe de trigo, feijão, ervilha e levedo de cerveja.
8) Programe cuidadosamente suas refeições.
9) Nunca pule uma refeição — a menos que esteja fazendo uma desintoxicação orgânica, você destruirá seus níveis sangüíneos de açúcar. A fome faz esses níveis caírem: você fica cansada, nervosa, irritada.
10) Evite o álcool. Além de deixá-la tonta, esse tipo de bebida pode causar depressão. O metabolismo feminino tem uma forma peculiar de funcionamento: você fica sonolenta antes dos homens, mesmo que eles bebam tanto ou mais que você! Socialmente? Experimente água tônica com gelo e uma rodela de limão ou lima.
11) Evite a cafeína — é uma droga que causa dependência. A cafeína leva você às alturas; porém, quando seus efeitos se dissipam, a joga no chão. Entre um café e outro, você se sente fadigada. Se sentir cansaço no meio da tarde, opte por tirar uma soneca.
12) Exercite-se. A prática regular de exercícios — cerca de sessenta minutos diários — faz com que você se man-

tenha com mais energia. Além disso, ajuda a metabolizar os alimentos e tonifica os músculos, que serão capazes de executar movimentos com muito mais facilidade e menos fadiga. A atividade física é importante também no processo de eliminação dos resíduos tóxicos que induzem ao cansaço. É uma forma excelente de limpar o seu sistema. Como alguém observou, "o exercício não toma tempo, ele prolonga o tempo". É também uma forma excelente de perder peso, caso necessário.

13) Procure não comer pimenta. Estudos comprovam que a ingestão regular desse tipo de alimento provoca graves problemas no útero.

TPM

Controle o consumo de laticínios. A lactose presente nesses produtos pode bloquear a absorção de magnésio pelo organismo, e esta substância é necessária para equilibrar o estrogênio e ajudar na sua excreção.

Elimine o sal, que também aumenta a retenção da água. Evite cafeína, álcool e estresse. A ingestão de uma quantidade maior de fibras auxilia seu corpo a eliminar o excesso de estrogênio.

Procure consumir os elementos mencionados na tabela da página seguinte:

Vitaminas A e D	Ajudam a controlar os problemas de pele que surgem no período pré-menstrual (acne e oleosidade).
Vitamina B6	Alivia sintomas como variação do humor, retenção de líquidos, sensibilidade nos seios, inchaço, desejo de comer açúcar e fadiga.
Vitamina C	Reduz o estresse.
Vitamina E	Equilibra o sistema hormonal e, aparentemente, promove uma energização natural.
Cálcio e magnésio	Aliviam problemas de câimbras e dores nas articulações. Também ajudam a estabilizar o humor. Reduzem as taxas de gorduras, que contribuem para níveis muito elevados de estrogênio.

Além de ingerir esses complementos, você pode tomar um chá de camomila com alecrim, na seguinte medida: uma colher de sopa de camomila e uma outra colher de sopa de alecrim para meio litro de água. Beba uma xícara de chá três a quatro vezes ao dia. Nesse mesmo dia, poderão ser acrescentadas, em casos de cólicas fortes, mais duas ervas, a agoniada e a joão-da-costa. A quantidade de água permanece a mesma.

Climatério e menopausa

O climatério é uma fase que ocorre no final do período fértil da vida da mulher e se caracteriza por um conjunto de alterações no seu corpo e na sua mente. A interrupção permanente da menstruação, conhecida como menopausa, marca o início do climatério. Atualmente, a expectativa de vida das mulheres é de cerca de 75 anos, portanto o período da pós-menopausa corresponde a um terço de suas vidas.

CLASSIFICAÇÃO DO CLIMATÉRIO

- Compensado: quando não há manifestações ou estas são bem toleradas.
- Descompensado: quando a intensidade das manifestações afeta o bem-estar psicossocial da mulher.

MANIFESTAÇÕES DO CLIMATÉRIO

- Ondas de calor ou fogachos (sintomas mais comuns).
- Sudorese (suor excessivo).
- Fadiga (cansaço).
- Mialgia (dores musculares).
- Artralgia (dores nas articulações).
- Palpitação.
- Taquicardia.
- Alterações da visão.
- Tendência a aumento de peso.

Para as mulheres que vivem em harmonia psíquica, o climatério não representa um fator de desequilíbrio. Contudo, aquelas que convivem com perturbações existenciais apresentam distúrbios como ansiedade, depressão e irritabilidade.

A manifestação tardia da menopausa pela redução dos hormônios afeta como um todo o aparelho genital feminino, provocando redução do tamanho do útero, dos ovários e das mamas, além de atrofia vulvovaginal e desconforto durante o ato sexual.

Outras manifestações que ocorrem tardiamente são as alterações do metabolismo de gorduras (colesterol e triglicéride), que levam aos sinais de arteriosclerose e doenças coronárias (infarto e hipertensão).

A menopausa ocorre, em média, entre os 45 e os 55 anos, período em que os ovários deixam de secretar hormônios. É classificada precoce quando tem início antes dos quarenta anos e, tardia, quando começa após os 55 anos. Mulheres que vivem em locais onde há bastante sol iniciam o processo da menopausa mais tarde do que as que residem em países de inverno rigoroso.

Procure observar alguns cuidados dietéticos: siga as orientações de alimentação sugeridas neste livro, faça uma dieta rica em cálcio e restrinja os alimentos ricos em colesterol.

Não se esqueça de que a atividade física é sempre benéfica. Exercícios regulares diminuem os riscos de doenças cardiovasculares, osteoporose, depressão e obesidade.

Hormonoterapia

Consiste na reposição dos hormônios que os ovários deixaram de produzir. Os hormônios sintéticos podem ser empregados sob as seguintes formas: comprimidos, injeções, cremes vaginais e adesivos para a pele. Contudo, só devem ser utilizados com orientação médica.

Existem muitas pesquisas sobre as terapias de reposição hormonal (TRH) — algumas muito boas; tão boas que chego a duvidar, mas não cabe a mim menosprezar nenhum tipo de medicamento. Certamente, você está tomando algum remédio e, ao mesmo tempo, submetendo-se a uma TRH. Atenção, pois, mais cedo ou mais tarde, irá se intoxicar. Vida ao ar livre, exercícios físicos, luz do sol, alegria e alimentação rica em elementos vivos, frutas, hortaliças e sementes são os melhores remédios para a menopausa.

Existem muitas pessoas que, se sentindo péssimas nessa fase, iniciaram uma TRH e vivenciaram uma verdadeira transformação: melhoraram significativamente no que se refere ao humor, às condições físicas e à disposição. Mas e daí? Não são poucas as drogas que proporcionam essa sensação de prazer, de alívio. Um dia, porém, o corpo vai querer mais, e esse medicamento poderá se voltar contra você. Então, suas reservas de energia não serão suficientes para a fúria de um organismo intoxicado por uma droga que hoje atua como sua protetora, mas que amanhã poderá trair você.

Então, o que fazer?

Se você ainda está se submetendo à TRH e se sente muito bem, mas tem medo porque ouviu falar algo a respeito ou o seu médico foi sincero e lhe disse que esse tratamento pode ser perigoso, a minha sugestão é: tente fazer uma TRHN (Terapia de Reposição Hormonal Natural).

Você poderá suspender a TRH, mas não tão rápido. Será preciso que promova uma mudança de hábitos — de corpo e alma. Após oito dias de prática de TRHN, você poderá diminuir a dose do medicamento que vinha ingerindo na TRH. Para isso, siga este programa: durante uma semana, tome o remédio um dia sim, um dia não; a partir da segunda semana, tome-o um dia sim, dois dias não — e assim por diante, até acabar com a cartela. Nunca pare de uma vez só, pois será preciso passar pelo desmame medicamentoso. Esse procedimento poderá ser aplicado a alguns medicamentos, contudo sempre com o acompanhamento de seu médico.

Pratique a TRHN adotando uma dieta rica em alimentos que contenham fitoestrógenos:

Soja — É um dos alimentos mais ricos em fitoestrógenos. A inclusão, em sua dieta, de qualquer uma das três opções a seguir repõe os hormônios naturalmente: meio copo de soja cozido, uma vez ao dia; ou uma xícara de leite de soja, três vezes ao dia; ou três a quatro pedaços de queijo de soja (tofu) por dia.

Amêndoa — Três unidades por dia.

Gergelim — Uma colher de chá duas vezes ao dia.

Leite de castanha-do-pará — Tomar meio copo ao dia, principalmente pela manhã.

Creme de milho — Meio copo, duas vezes por semana.

Vitamina E — Dê preferência a alimentos ricos em vitamina E: germe de trigo, azeite de oliva, cereais integrais, soja e seus derivados e milho. Esses alimentos devem fazer parte do seu cardápio.

Salsinha — Consumir na forma de suco, duas vezes ao dia, na seguinte medida: cerca de 20g para um copo d'água. Bata, coe e sempre tome imediatamente após o preparo.

Óleo de prímula — Uma cápsula duas a três vezes ao dia.

Inhame mexicano — Cozido, em sopas etc., duas vezes por semana

Folha de amora — Ingerir na forma de chá — uma xícara três a quatro vezes ao dia. Preparar por infusão, na seguinte medida: três a quatro folhas para um litro de água. Deixar o recipiente tampado por 15 minutos. Os frutos da amoreira contêm maior quantidade de fitoestrógenos do que as folhas. Prepare-os em forma de suco, geléia, compota ou coma-os ao natural.

Ginseng brasileiro (Pfaffia paniculata) — Consumir na forma de chá, tintura ou cápsula.

Levedo de cerveja — Uma cápsula antes das refeições, três vezes ao dia.

Alcaçuz — Ingerir na forma de chá, tintura ou cápsula ou ainda imersão, uma vez o dia.

Linhaça — Empregar no preparo de pães, biscoitos e vitaminas. Seu óleo é muito usado para combater os calores.

Mandioquinha e *fermento biológico* — Contêm uma boa quantidade de hormônios do tipo estrógeno em cada 100g de alimento (aproximadamente meia xícara).

Mel — Contém quarenta a seiscentas unidades internacionais (IU) de hormônios do tipo estrógeno por quilo.

Sálvia seca — Contém seis mil IU de hormônios do tipo estrógeno por quilo.

Os seguintes alimentos devem fazer parte naturalmente do seu cardápio: ginseng brasileiro, aipo, erva-doce, vegetais amarelos e verdes, mandioquinha, mel, sálvia seca, ruibarbo, cereais integrais, soja, azeite de oliva.

Só para homens

A andropausa é caracterizada pelo declínio das funções hormonais do homem. A produção de testosterona é controlada pela hipófise, glândula cerebral que secreta os hormônios responsáveis pelo funcionamento dos órgãos sexuais masculinos (testículos) que geram essa substância energética.

Em decorrência dos fatores negativos da vida moderna, tais como estresse, sedentarismo e alimentação contaminada de hormônios e aditivos químicos, um número cada vez maior de homens na faixa dos 35 a 60 anos apresenta mudanças no nível dos hormônios sexuais. O tecido testicular responde cada vez menos aos hormônios da hipófise — isso provoca uma queda na produção de testosterona, o que, em contrapartida, reduz a quantidade de espermatozóides e enfraquece sua mobilidade. A redução da taxa de testosterona no organismo causa aumento da gordura corporal, diminuição da massa muscular e enfraquecimento dos ossos. Esse declínio hormonal afeta o humor, levando a crises de fadiga, perda de iniciativa e diminuição do poder de concentração. Aparentemente, esse hormônio masculino vital tem grande influência sobre a energia. Mesmo assim, com toda a fragilidade masculina, a produção de espermatozóides pelo homem é muito mais durável do que a produção de óvulos pela mulher. Há casos de homens que geram filhos em idade avançada.

O Dr. Wolff, pesquisador bioquímico, é autor de vários livros sobre alimentação e saúde que, com base em estudos, indicam uma piora dramática na qualidade do esperma a partir da década de 1950. "Fertilidade depende amplamente da nutrição", afirma Wolff.*

Os cientistas Theo Colborn e John Peterson Myers, em seu livro *O futuro roubado* (Porto Alegre: L&PM, 2002) sustentam que certas substâncias químicas presentes nos alimentos, principalmente os agrotóxicos, acabam sendo identificadas pelo organismo do homem como hormônios femininos. Esse "disfarce" reduziu a produção de espermatozóides pelos jovens de hoje para a metade do que era naturalmente em gerações anteriores.

Zinco, o mineral que alimenta o hormônio masculino

O zinco é um mineral poderoso, que alimenta as glândulas masculinas para que elas liberem quantidades adequadas de testosterona. A próstata, uma dessas glândulas, acumula altos níveis de zinco — uma quantidade maior do que a apresentada por qualquer outro órgão do corpo. Em algumas situações, a deficiência de zinco provoca distúrbios da próstata e queda dos níveis de testosterona. O zinco também está relacionado aos processos de crescimento durante a juventude (inclusive dos cabelos) e à respiração tissular. Além disso, participa da utilização da insulina secretada pelo pâncreas; portanto, atua no processo de utilização de carboidratos pelo organismo para produção de energia. As maiores concentrações de zinco no corpo são encontradas nos órgãos sexuais, região em que é usado para fabricação da maior

*Citado em *O que comemos, afinal? Indicações práticas para uma nova consciência em alimentação*, de Otto Wolff. São Paulo: Antroposófica, 2000.

parte da testosterona, que proporciona energia e vitalidade ao homem. Além desses benefícios, o zinco combate a acne, ajuda na cicatrização de feridas e estimula as defesas imunológicas. Sua ausência provoca alteração no paladar.

As principais fontes de zinco são: sardinha, amêndoas, castanha-do-pará, brócolis, cogumelo, aveia, ervilha, levedo de cerveja e semente de abóbora (talvez uma das fontes mais ricas desse mineral).

Intoxicação alimentar

Sei que este livro está sendo lido por pessoas caseiras, que não gostam muito de sair de casa; mas sei também que está sendo lido sobretudo por quem gosta de sair, viajar e experimentar novos hábitos. Os que fazem parte deste último grupo são exatamente aqueles mais sujeitos a sofrer intoxicações alimentares, pois estão mais expostos aos riscos oferecidos pelos cardápios diferenciados que experimentam todos os dias durante suas viagens. Mas isso não quer dizer que você que está em casa não corre risco. Pelo contrário, se você está entre os que gostam de estocar alimentos cozidos, poderá vir a enfrentar esse problema também. Saiba que, quanto mais tempo um alimento cozido ficar estocado, mais bactérias e fungos estarão se multiplicando nele.

Nas temporadas de férias, é muito raro não termos que prestar ajuda a pessoas com intoxicação alimentar provocada por microrganismos nocivos à saúde, como salmonelas e bactérias, micróbios e centenas de outros germes.

Nos casos de intoxicação em que a pessoa está se sentindo enjoada, com ânsia de vômito ou alergia, use uma a duas colheres de sopa rasa de carvão em pó para um copo d'água, duas a três vezes ao dia. Se a pessoa já estiver vomitando, dê-lhe essa mistura em pequenas colheradas, pouco a pouco, até que ela consiga tomar todo o conteúdo do copo.

O carvão pode transformar uma história de intoxicação que o deixaria internado por alguns dias, e gastando muito, em um passeio com final feliz.

Desintoxicação — uma técnica de suma importância

Por que uma pessoa necessita se desintoxicar mesmo não estando doente? Acredito que você não esteja satisfeito com o ar que respira, com os alimentos que come, com a água que toma todos os dias, com a fumaça do cigarro de alguém ao seu lado e, principalmente, com aquele arsenal de medicamentos em sua gaveta.

O corpo elimina uma quantidade incrível de lixo todos os dias por meio da urina e das fezes e do suor e da emissão de gases. Uma parte do que é expelido compõe-se de resíduos metabólicos, células mortas, subprodutos da digestão e outros resíduos naturais. Porém, uma quantidade cada vez maior concentra resíduos tóxicos provenientes de fontes diversas, tais como pesticidas, aditivos alimentares, alimentos mal combinados, conservantes, drogas, substâncias químicas que inalamos por causa da poluição e até produtos de limpeza doméstica.

Conheça alguns sinais importantes de desequilíbrio que significam sintomas de intoxicação do organismo, de acordo com a região afetada:

Sistema linfático — Gripes e resfriados freqüentes, cansaço, bolsas sob os olhos, olheiras, celulite e baixas defesas imunológicas.

Fígado — Possibilidade de inchaço, náuseas, indigestão e língua saburrosa.

Pulmões — Catarro, coriza ou espirros constantes; congestionamento nasal e outros problemas brônquicos.

Rins — Urina escura, turva, escassa ou com odor forte; dor ao urinar e infecções urinárias.

Pele — Celulite, manchas, cravos, acnes ou espinhas.

Intestinos — Prisão de ventre ou diarréias, perda parcial da flora intestinal, fermentações intestinais, gases seguidos da liberação de radicais livres.

A desintoxicação reforça as defesas imunológicas e também pode ser usada como técnica complementar em dietas de emagrecimento. Uma de suas principais propriedades é “acordar” os genes adormecidos pelo excesso de toxinas no corpo.

Existem diversos métodos de desintoxicação; contudo, optei por descrever o que considero o mais simples e eficiente. Talvez você deseje aprender processos mais intensivos, destinados ao combate de alguma doença específica, mas creio que a técnica que apresentarei a seguir será suficiente e de suma importância para a recuperação de sua saúde.

Desintoxicação orgânica

1) Você deve fazer a desintoxicação orgânica uma vez por semana. Nesse dia, será importante acordar cedo.
2) Tome suco de fruta de três em três horas. Use somente um tipo de fruta de cada vez: laranja, melancia ou uva. Não use adoçante nem açúcar. Coe o suco antes de consumi-lo para aumentar a rapidez de absorção de seus nutrientes pelo organismo.
3) Trinta minutos após a ingestão do suco, beba água em temperatura ambiente (a água gelada desgasta suas energias).
4) Tome chá de bardana ou de espinheira-santa: uma xícara de chá quatro a cinco vezes ao dia.
5) Você só poderá se alimentar a partir das 19h, e com um lanche leve: três torradas e um tipo de fruta doce, como mamão ou maçã vermelha. Antes de dormir, tome mais uma xícara de um dos chás indicados.

Capítulo 6

Receitas naturais

Iogurte natural

Ingredientes
2 litros de leite tipo B
1 copo de iogurte natural

Modo de fazer

Ferva o leite e depois deixe amornar, mas sem esfriar completamente. No liquidificador, bata um pouco do leite com 1/2 copo do iogurte; em seguida, misture a parte restante do leite. Se preferir, simplesmente misture o iogurte no leite morno usando uma colher de pau.

Coloque o preparado em uma vasilha de plástico, vidro ou louça. Embrulhe com um pano de prato, cubra com um plástico e envolva com mais panos de prato. Se achar mais prático, mantenha a vasilha no forno com a luz acesa. Outra opção é colocá-la em uma caixa de isopor e tampar. O iogurte estará pronto em aproximadamente 3 ou 4 horas. O ideal é observar a consistência desejada, podendo o tempo de preparo chegar a 12 horas.

Maionese sem ovo

Ingredientes
1 copo de iogurte natural
1 batata grande cozida
1 cenoura pequena cozida
1 colher de chá de azeite de oliva
caldo de limão a gosto
sal a gosto
palmito
salsinha

Modo de fazer

Bata no liquidificador o iogurte, a batata, a cenoura, o azeite, o limão e o sal. Acrescente o palmito e salsinha, a gosto.

Mingau Bircher

Ingredientes
1 colher de sopa rasa de aveia
3 colheres de sopa de água fria
1/2 xícara de iogurte
1 maçã grande ralada
1 banana grande
1 colher de chá de raspinha de limão
mel a gosto (opcional)

Modo de fazer

Deixe a aveia de molho na água fria por no mínimo trinta minutos ou, se preferir, durante uma noite. Adicione o iogurte, a maçã, a banana e a raspinha de limão. Misture rapidamente para evitar o escurecimento das frutas; por fim, acrescente o mel.

Dica: você pode criar variações desta receita adicionando outras frutas, contanto que não sejam ácidas.

Arroz integral

Ingredientes

2 xícaras de chá de arroz integral
6 xícaras de chá de água quente

Modo de fazer

Antes de lavar o arroz, toste-o bem. Em seguida, prepare-o como o arroz comum.

Leite de castanha-do-pará

Ingredientes

1 litro de água
1 copo de 300ml de castanha crua
1 1/2 colher de chá de semente de erva-doce
mel ou açúcar mascavo
1 pitada de sal

Modo de fazer

Leve a água ao fogo; assim que começar a ferver, coloque metade no liquidificador e bata juntamente com a castanha. Acrescente a erva-doce ao restante da água que está no fogo e deixe fervendo em fogo brando.

Passe a castanha batida por uma peneira para separar os resíduos. Em seguida, despeje um pouco da água fervente sobre eles para retirar todo o leite da castanha. Bata, então, esse leite no liquidificador com o mel (ou o açúcar mascavo), o sal e o restante da água com erva-doce. Por fim, passe-o novamente pela peneira para retirar os pedacinhos de erva-doce.

Feijoada natural

Ingredientes

1 1/2 xícara de feijão-preto cru

1 berinjela média

3 xícaras de água

1 folha de louro

1 pitada de coentro

2 dentes de alho socados

1/2 xícara de cebola picada

1 colher de chá de açúcar

1 colher de chá de páprica

1 xícara de tomates picados sem pele

sal a gosto

1/2 de xícara de glúten picado ou de salsicha vegetal picada, previamente dourada no óleo.

Modo de fazer

Ferva o feijão na água por dois minutos, retire do fogo e deixe em repouso por uma hora.

Passe a berinjela por um espeto, pelo lado do cabinho, e asse-a diretamente sobre o fogo, virando-a continuamente. Quando a casca estiver bem pretinha, retire a berinjela do fogo, remova a casca e as sementes, corte a polpa em pedaços e reserve.

Leve o feijão de volta ao fogo na mesma água e deixe ferver até ficar quase cozido. Em seguida, acrescente o louro, o coentro, o alho socado, a cebola, a berinjela, o açúcar, a páprica, o tomate e o sal. Deixe cozinhar lentamente em fogo brando por mais trinta minutos. Dez minutos antes de tirar o feijão do fogo, adicione o glúten (ou a salsicha vegetal) previamente dourado no óleo.

Dica: você pode substituir a berinjela por uma xícara de chuchu ou de mandioquinha ou de cará.

Queijo de soja

Ingredientes

1 medida de soja deixada de molho por 10 horas
4 medidas de água
suco de limão a gosto
sal grosso a gosto

Modo de fazer

Prepare o leite de soja misturando a medida de soja com as quatro medidas de água. Bata-o no liquidificador, coe num pano e leve ao fogo. Quando ferver, diminua a chama e acrescente o suco de limão aos poucos. Pare de mexer e deixe em fogo brando até o coalho subir à superfície e formar um todo consistente e rijo.

Despeje o coalho sobre uma peneira forrada com um pano e lave-o com água fervente várias vezes. Acrescente o sal grosso. Em seguida, coloque a massa em fôrmas furadinhas para escoar o líquido, prensando-a bem. Deixe por uma noite. Transfira o queijo das fôrmas para um recipiente e mantenha-o na geladeira.

Ricota de soja

Ingredientes
1 litro de leite de soja
suco de limão a gosto
1 litro de água fervente
1 xícara de leite de coco
sal a gosto

Modo de fazer

Ferva o leite de soja. Apague o fogo, acrescente o suco de limão e mexa até talhar. Coe o preparado em um pano. Em seguida, com a água fervente, lave a massinha que ficou sobre o pano. Esprema bem, misture o leite de coco e o sal (em pequena quantidade). Se desejar, leve a ricota ligeiramente ao fogo com um pouquinho de alho.

Tofu

Ingredientes
1 medida de soja deixada de molho por 10 horas
4 medidas de água
sal amargo (usar 1/2 colher de chá para cada litro de leite de soja)
sal grosso (opcional)

Modo de fazer

Prepare o leite de soja misturando a medida de soja com as quatro medidas de água. Bata-o no liquidificador, coe num pano e leve ao fogo. Quando estiver fervendo, diminua a chama e acrescente o sal amargo aos poucos, mexendo até o leite coalhar.

Com um pano fino forre uma fôrma furadinha. Despeje o leite coalhado. Em seguida, coloque levemente sobre ele um pequeno peso. Deixe escorrer.

Observação: Enquanto o soro estiver escoando, e antes de a massa se aglutinar, você pode despejar mais água quente sobre ele para lavá-la. Se desejar, adicione um pouco de sal grosso.

Capítulo 7

Saúde e estética: usando a natureza a seu favor

O Sol permite e revigora a vida na Terra, torna possível o processo de fotossíntese das plantas, deixando-as belas e viçosas. Sem a energia fenomenal que desprende todos os dias, não existiria vida vegetal nem animal em nosso planeta. Por isso, sua luz é considerada por alguns especialistas como o melhor remédio para curar doenças. Há um ditado popular que diz: "Onde não entra sol, entra o médico." Na Idade Média, havia o cuidado de manter o doente preso em um lugar fechado, sem direito à luz solar. Como se não bastasse, realizavam-se as famosas sangrias para purificar o sangue do paciente, que normalmente não resistia ao tratamento. Hoje, sabemos que um doente que fica permanentemente trancado no quarto necessita de muito mais tempo para recuperar a saúde do que aquele que toma sol.

É fácil concluir que um benefício tão grande se estende a todo o sistema nervoso. Aliás, a luz é o alimento mais aprimorado do sistema nervoso, pois é capaz de despertar suas energias e vibrações. Sem o auxílio da luz solar, a cura das doenças nervosas torna-se extremamente difícil.

O banho de sol

Os melhores horários para tomar banho de sol: na parte da manhã, até as 9h40; e no período da tarde, a partir das 16h20. Quando realizada nos horários apropriados, essa prática garante os seguintes benefícios:

- Fortalece os ossos em razão da grande quantidade de vitamina D que o organismo passa a produzir.
- Facilita a digestão.
- Favorece o crescimento.
- Acalma o sistema nervoso.
- Atua como antidepressivo.
- Estimula o apetite.
- Melhora a qualidade do sangue.
- Aumenta as defesas do organismo contra os seguintes males: paralisia infantil; reumatismo; raquitismo; anemia; tuberculose dos ossos e das articulações; focos infecciosos; resfriados, catarro e bronquites crônicas; inflamações dos órgãos genitais e problemas de menstruação.
- Age como antiinflamatório, fazendo as espinhas secarem mais depressa.
- Incentiva a produção de serotonina, aumentando a sensação de bem-estar.

Na hora do banho de sol

Quando estiver tomando banho de sol, é imprescindível proteger a cabeça — com um chapéu ou boné — e também a região do peito (ou, então, deixá-las expostas por menos tempo que o resto do corpo). Quem não está acostumado a ficar sob a luz solar deve iniciar a exposição por períodos curtos e aumentá-los progressivamente. É recomendável começar com cinco minutos e ir prolongando o tempo de acordo com a sensação de tolerância e bem-estar manifestada pelo organismo: de início, expõem-se os pés e as pernas; depois, o resto do corpo.

Um bom esquema é o seguinte: cinco minutos de sol e um minuto para refrescar ou, então, dez minutos de sol e um minuto para refrescar. Esse procedimento deve ser repetido até terminar o período de exposição, que pode variar de vinte a trinta minutos. Em lugares de clima tropical, o ideal é tomar os banhos de sol de forma alternada.

Antes de se expor aos raios solares

Use um filtro solar com fator de proteção 15 (no mínimo) ou siga a recomendação de seu médico. Encomende o produto em uma farmácia de manipulação e peça que seja acrescentado à fórmula um bom creme hidratante.

Aplique o filtro solar trinta minutos antes do banho de sol. Assim, você protege todas as partes do corpo e há tempo suficiente para que o produto interaja com a pele. Se estiver na praia ou na piscina, faça uma nova aplicação após cada mergulho e sempre que transpirar demais.

Não pense que sua pele tornou-se à prova de sol só porque você usou o filtro solar. Para saber qual é o tempo máximo de proteção proporcionado pelo produto, multiplique o fator de proteção solar (FPS) por dez (pele clara); por 15 (pele morena-clara); por vinte (pele morena) ou por 25 (pele negra). Por exemplo: se sua pele é bastante clara e você estiver usando um filtro com FPS quatro, poderá ficar quarenta minutos ao sol ($10 \times 4 = 40$). Depois disso, aplique um bloqueador solar (seu FPS é superior a 15) e mantenha-se na sombra.

Os protetores solares com FPS igual ou superior a oito também bloqueiam a formação de vitamina D na pele. Portanto, se o produto que você usa está dentro dessa especificação, é importante consumir maior quantidade de vitamina D nas refeições ou por meio de suplementação.

Quanto aos cremes hidratantes, dê preferência aos que contenham uréia ou óleos vegetais (de aveia, abacate, macadâmia ou amêndoas), pois essas substâncias proporcionam a umectação necessária à pele.

Quando for sair ao sol — em caminhadas, a trabalho ou informalmente —, não vista roupas de tecido sintético; esse tipo de material não absorve a transpiração, que é, então, reabsorvida pela pele. O suor é rico em toxinas e tem que ser expelido pelo corpo, pois se trata de um dejeto que se oxida em contato com o ar, juntando-se com bactérias e microrganismos. Quando não encontra saída para escoar ou um tecido poroso que o absorva, esse líquido, agora ainda mais tóxico, volta a penetrar na pele.

Após o banho de sol, é sempre importante resfriar o corpo com uma ducha fria.

Cuidado: não confie somente no protetor solar. Evite comidas muito gordurosas de origem animal e excesso de sal, pois esses alimentos tornam a pele mais susceptível a adquirir os temíveis melanomas e outros tipos de câncer. Tome bastante suco de frutas cítricas, que contêm vitamina C em maior quantidade, e também muita água — mas nunca junto com as refeições.

A água

Tomar água é essencial, pois é esse líquido que mantém o ambiente adequado para os setenta bilhões de células do corpo humano. O ideal é ingerir oito a dez copos de água diariamente.

Observe como é significativa a presença da água na composição do nosso corpo: quando nascemos, noventa por cento; na infância, setenta e cinco por cento; na fase adulta, setenta por cento; na velhice, cerca de sessenta por cento. Em todos os casos, a perda de água é causa de desequilíbrios orgânicos — doenças. Quando essa perda é de dez por cento, surgem sintomas de angústia, desânimo, depressão e distúrbios corporais variados, entre os quais delírios e alucinações. Tais males levam à morte em cerca de vinte por cento dos casos. É interessante notar que diminuições nas taxas normais de outras substâncias, como proteínas e lipídios, ainda que importantes, não chegam a provocar danos tão profundos ao funcionamento geral do organismo. Muitas vezes, a perda de cinqüenta por cento de proteínas não altera o metabolismo, pois estas não afetam substancialmente nossa vida, pelo menos durante certo tempo.

A água não apenas nutre, como também conduz todos os outros nutrientes no corpo. Além disso, é sumamente importante para diversos processos orgânicos, tais como: manutenção da temperatura corporal, digestão, circulação, absorção, metabolismo, produção hormonal e excreção. Nada disso é possível sem água.

A água pode ser viva, quando contém oxigênio; ou morta, quando não o apresenta. Por isso, não se deve tomar água fervida por um longo período, pois a fervura queima o oxigênio. Na água fervida, nada sobrevive — nem peixes, nem plantas. Sem água, não vivemos mais que cinco dias. Sem alimento sólido, mas com água, conseguimos nos manter vivos por cem dias ou até mais.

Contudo, ainda existem pessoas que não dão importância a esses fatos. Os menos informados são viciados em refrigerantes, os mais abastados tomam bebidas finas; assim, a maioria vai se intoxicando e morrendo aos poucos.

Tenho ouvido com muita freqüência pessoas dizerem que não gostam de tomar água — pobres e miseráveis, pois não sabem o mal que estão fazendo a si mesmas e a seus entes queridos. Quem ingere pouca água terá uma pele feia, ressecada e com rugas, além de uma série de outros problemas.

A maioria da população mundial negligencia os benefícios naturais que a água proporciona à saúde. Contudo, quanto mais pura e vitalizada for a água que consumirmos, mais qualidade de vida teremos.

Cuidados para manter a pele sadia

Quem não quer ter uma pele saudável em qualquer idade? As dicas a seguir servem para adolescentes, jovens, adultos e, principalmente, jovens adultos — dos quarenta anos em diante. Sei que o tempo deixa marcas irreversíveis, mas é possível atenuá-las, e até mesmo na terceira idade. O mais importante é que você faça a sua parte, não só em relação ao que usará na pele, mas no que irá ingerir para melhorar todo o corpo. Algumas das orientações relacionadas a seguir já foram mencionadas em capítulos anteriores, porém vale a pena recordar-se delas. Então, mãos à obra!

- Tome oito a dez copos d'água por dia — cerca de quatro copos pela manhã e cinco do período da tarde até à noite. Nunca beba líquidos junto com as refeições; eles podem causar fermentações, além de eliminarem boa parte dos nutrientes que você ingeriu. Consuma-os meia hora antes ou uma hora e meia depois de realizar as refeições. Evite tomar água gelada, pois isso lhe poupará mais energia.
- Evite frituras: quanto mais o óleo esquenta, mais insaturado e insalubre se torna, intoxicando todo o organismo, principalmente a pele. Além disso, favorece o

surgimento de doenças do aparelho digestivo e circulatório.

- Enlatados, conservantes, picles, pimentas e todos os tipos de condimentos fortes são nocivos à saúde, inclusive à da pele.
- As gorduras hidrogenadas estão entre os principais venenos causadores das doenças circulatórias, da obesidade e de problemas de pele. Evite banha de porco, margarina, bolos, biscoitos e frituras, pois aumentam os níveis de colesterol ruim e triglicerídeos, ao mesmo tempo em que diminuem a quantidade de colesterol bom.
- Abandone ou reduza drasticamente a ingestão de gorduras animais, principalmente a carne de porco e as carnes vermelhas.
- Cuidado com os refrigerantes! Se você soubesse o estrago que eles fazem no organismo humano, dificilmente os tomaria. São ricos em açúcar, cafeína, conservantes, estabilizantes e outros componentes nocivos à saúde.
- O leite é um bom nutriente, mas acelera o envelhecimento precoce, além de estar relacionado com algumas doenças.
- A junção de leite, ovos e açúcar em um mesmo alimento atua como um ladrão de energia e um verdadeiro veneno para a saúde e a pele, causando fermentações e produzindo toxinas no organismo.
- Chocolates, doces e excesso de açúcar também são bastante prejudiciais à pele: causam espinhas, oleosidade, escamação e manchas. São outros ladrões de energia, e

até favorecem o surgimento de alguns tipos de câncer, além de baixarem as defesas imunológicas e oxidarem as paredes das artérias.

- Tome sucos antioxidantes (vejas as receitas na página 119)

Fontes naturais de beleza

Alimentos que podem deixá-lo bem por dentro e por fora:

VITAMINA C

Vegetais e folhas:
bertalha
salsa
brócolis
couve
folhas de nabo e mostarda
tomate
pimentão
salsa

Frutas cítricas:
kiwi
acerola
laranja
caju
morango
goiaba
manga

VITAMINA E (óleos vegetais extraídos a frio)

germe de trigo
azeite de oliva
cereais integrais
soja e seus derivados
milho

Betacaroteno

batata-doce
brócolis
cenoura
espinafre
couve
abóbora
folhas de mostarda
folhas de beterraba
papaia
melão
melancia
manga
damasco
tomate
alface

Plástica natural para a face e os seios

1) Faça um chá usando as seguintes ervas finas: camomila, alecrim e polvilho de lobeiro. Prepare-o na seguinte medida: uma colher de chá de cada erva para uma xícara de água. Ferva a água, derrame-a sobre as ervas, abafe por alguns minutos e coe. Misture um pouco do chá em duas ou três colheres de sopa de dolomita, até obter um creme grosso. Se não encontrar o lobeiro, use somente a camomila com alecrim.

2) Depois de lavar o rosto novamente, acrescente sete a dez gotas de azeite de oliva ao creme, e aplique a pasta no rosto e seios com movimentos circulares e coloque sobre o rosto uma toalha quente, fazendo uma suave abrasão na pele, de baixo para cima.
3) Aplique uma nova camada de pasta de dolomita sobre a primeira, cobrindo toda a pele, à exceção da área dos olhos e da boca.
4) Aguarde a secagem total (cerca de quarenta minutos).
5) Para retirar a máscara: umedeça-a com água até a pasta ficar totalmente encharcada. Nunca a remova sem realizar esse procedimento primeiro.

Observação: Faça a plástica natural no máximo duas vezes por semana.

Hidratação natural

1) Aplique o iogurte natural (veja a receita na página 139) em movimentos circulares nos seios e no rosto. Deixe por 15 a vinte minutos e depois lave com sabonete neutro.
2) Com um algodão, aplique óleo antioxidante nessas duas áreas e deixe agir por alguns minutos; porém, será melhor se o mantiver por um período maior (durante toda a noite, por exemplo). O óleo antioxidante é encontrado em farmácias de manipulação e contém linhaça, germe de trigo, copaíba, canela e alecrim.

Para eliminar manchas de pele

Faça um teste com os produtos relacionados a seguir e utilize os que lhe proporcionarem melhores resultados:

- Nata de leite: aplicar sobre as manchas.
- Óleo de sucupira: também de uso tópico.
- Cloreto de magnésio P. A.: ingerir e passar na mesma quantidade (1 porção) sobre manchas nos braços.
- Suco de limão: você pode utilizá-lo para combater as manchas, contanto que não tome sol quando aplicá-lo.

O carvão

A princípio, este pode ser um assunto que não desperte muito o seu interesse; mas creio que, à medida que você for descobrindo as sensacionais propriedades do carvão ativado, o tema lhe parecerá não só intrigante, mas excelente.

Dadas as suas excepcionais propriedades de absorver toxinas e atuar como curativo, o carvão deveria estar sempre à mão em todos os lares. Sua utilização é quase tão universal quanto a da água, tanto do ponto de vista comercial quanto médico. É usado interna e externamente no combate aos mais diversos males — de envenenamento provocado por picadas de abelha e de outros animais a problemas metabólicos, tais como icterícia de recém-nascido e reação alérgica a veneno de hera.

O carvão é um excelente antídoto antidrogas, ou seja, antienvenenamentos. Em 1831, o Dr. Touery sobreviveu após engolir 15g de estriquinina (dez vezes a dose letal) e igual quantidade de carvão diante de membros da Academia Francesa de Medicina. Em 1913, o Dr. Bertand, outro médico francês, para demonstrar a eficácia do carvão em absorver toxinas, sobreviveu após engolir 5g de trióxido de arsênico misturado com carvão.

Quando administrado oralmente, o carvão previne com eficácia muitas infecções intestinais. Todos os estudos mostram que seu uso como medicamento não provoca danos à saúde — seja ingerido, seja inalado, seja em contato com a pele. Ao contrário, o carvão absorve agentes produtores de câncer de pele, como o metilcolantrene e o benzopireno.

Suas aplicações têm servido aos mais diversos fins: combate a odores no ar e na água, remoção de dióxido de carbono do ar em submarinos, filtragem de venenos em máscaras de gás, preparação de remédios e coloração de doces. Quando moído e guardado num jarro tampado em locais como geladeira, forno, gaveta ou prateleira, é capaz de absorver uma grande variedade de odores, inclusive o de ranço. Também é utilizado no tratamento de úlceras da pele, na eliminação de gases gastrintestinais e até como filtro de cigarro. Seu uso interno é indicado para a eliminação de toxinas do sangue nos casos de doenças renais e hepáticas. Externamente, pode ser empregado em banhos e na forma de cataplasmas; estas últimas devem ser aplicadas cuidadosamente quando se tratar de pele recém-ferida, pois pode ocorrer um “efeito de tatuagem”, caso as lesões se estendam para a derme.

Aquisição e dosagem

O carvão é adquirido com facilidade em lojas de produtos naturais e em farmácias comuns. É comercializado em pó e na forma de tabletes e cápsulas. Em geral, o melhor é consumi-lo em cápsulas, pois estas são produzidas com carvão ativado, que é mais potente na absorção de toxinas. Também é possível prepará-lo em casa — neste caso, a madeira utilizada deve ser virgem e livre de agrotóxicos.

A dose diária oral recomendada é a seguinte: carvão em pó (uma colher de sopa misturada com um copo d'água); em cápsulas (quatro unidades); em tabletes (oito unidades regulares). Ingerir o carvão na forma escolhida duas vezes ao dia: no meio da manhã e no meio da tarde. Não deve ser ingerido junto às refeições.

Não se deve ingerir carvão com regularidade por anos seguidos. Contudo, não há evidências de problemas ou efeitos colaterais causados por seu consumo num período inferior a 12 meses. O ideal é que você o use por alguns dias ou semanas e pare ou que o utilize eventualmente quando necessitar.

DOSAGEM EM CASOS DE ENVENENAMENTO POR INGESTÃO

Estima-se que 10g (aproximadamente uma colher de sopa) de carvão pode absorver somente cerca de 3g a 7g de materiais tóxicos. Assim, em caso de envenenamento, é necessário que a dose de carvão a ser administrada seja oito a dez vezes superior à quantidade estimada em peso do veneno ingerido.

As vítimas de envenenamento e intoxicações normalmente são induzidas ao vômito para a eliminação da substância tóxica. Tanto o xarope de ipecacuanha como a apomorfina promovem a expulsão de cerca de trinta por cento do veneno presente no estômago; portanto, são ineficazes nesse tipo de tratamento, uma vez que os outros setenta por cento permanecem naquele órgão.

A lavagem estomacal é outro método empregado para tratar casos de envenenamento — o uso do carvão é bem mais fácil, econômico e muito mais eficiente.

PROCEDIMENTOS EM CASOS DE ENVENENAMENTO POR ANIMAIS

Alguma vez você já levou picadas de marimbondo, formiga vermelha ou formigões? Já foi queimado por uma taturana ou picado por uma aranha-marrom (*Loxosceles*) ou por um escorpião? Só de pensar nisso, já dá para sentir espanto e dor.

Em todos os casos de acidentes dessa natureza, é necessário ter muito controle e agir rápido:

1) Dissolva uma colher de sopa (cheia) de carvão em pó em água pura até formar uma pasta. (Você deve aumentar a quantidade do carvão de acordo com o tamanho da área a ser tratada e do estado de gravidade que esta apresentar.)
2) Faça cataplasmas espalhando porções da pasta sobre pedaços de tecido dobrados no tamanho adequado à re-

gião a ser tratada. Coloque uma cataplasma sobre a área afetada e troque-a a cada vinte minutos, por três a quatro vezes.

Picada de aranha-marrom — Nesse caso, a pessoa deve também tomar imediatamente o carvão — uma a duas colheres de sopa (rasa) para um copo d'água, duas a três vezes ao dia. A princípio, o ferimento provocado por esse tipo de aranha quase não provoca dor. Contudo, em 24 horas, se forma uma zona vermelha púrpura em volta do local picado e ocorre aumento da área da picada. Também pode haver outra ulceração muito profunda e grave, capaz de estender-se até o osso durante semanas ou meses.

Certo dia, um garoto chegou correndo à minha casa e disse que sua mãe havia sido picada por uma aranha-marrom algumas horas antes. Mesmo assim, apesar do tempo decorrido desde o acidente, ensinei-lhe o precioso antídoto. No dia seguinte, eu soube que aquela senhora ficara completamente curada.

Picada de cobra — Se não existir antídoto para o veneno ou se o acidente ocorrer em um local isolado onde não seja possível dispor desse recurso, aplique imediatamente uma cataplasma bem grande de carvão para cobrir quase inteiramente a extremidade do corpo, centralizando o tecido sobre o local da picada. Nesse caso, prepare as cataplasmas utilizando bastante carvão. Troque-as a cada dez ou 15 minutos por cinco vezes, no mínimo. Se houver possibilidade, leve, então, a pessoa para avaliação médica.

Os medicamentos e seus riscos

Há milhares de anos, o ser humano vem procurando encontrar medicamentos que curem boa parte das doenças; e agora, neste novo milênio, as pesquisas estão eficientes como nunca, pois se valem de recursos há pouco inimagináveis. Com um salto tão expressivo, não deveria haver temor em relação a enfermidades ou ao surgimento — cada vez mais acelerado — de novas epidemias.

Quando em 1928 Alexander Fleming descobriu, acidentalmente, a penicilina como agente terapêutico para doenças infecciosas, o sucesso desse procedimento levou os cientistas da época a preverem para muito breve o dia em que as moléstias seriam finalmente varridas do planeta. Contudo, os anos se passaram e as doenças não desapareceram. Pelo contrário, continuam, e em número maior. Nunca tivemos tantos medicamentos, tantos médicos, tantos hospitais e tantos equipamentos. Nunca tanto dinheiro foi gasto ou investido em saúde. Porém, nunca houve tantos doentes.

Vivemos uma epidemia de doenças. Jornais, revistas e emissoras de televisão noticiam diariamente as mazelas da humanidade. A doença está literalmente comercializada e parece que, quanto mais enfermidades, melhor.

Remédios, estes não faltam. Contam-se aos milhares. Há mais medicamentos do que doenças, e todos os dias surge um novo produto, oficial, quase milagroso, "melhor do que o de ontem". O corpo humano demora até dois anos para se livrar totalmente de algumas drogas. Isso prova que, com o tempo, pode haver um acúmulo de medicamentos em nosso organismo.

Então, uma semana depois de algumas crises sérias por falta de saúde, você vai ao consultório de quatro especialistas: um deles lhe prescreve três medicamentos e os demais lhe receitam dois remédios cada um. Você volta para casa com nove medicamentos. Qual o problema nesse procedimento? Nenhum, isto é: desde que você não se importe que seu corpo seja invadido por um excesso de drogas, poderá ser mais um dos milhares de intoxicados em nosso imenso país. Não há mal no fato de um especialista prescrever um medicamento, outro fazer a mesma coisa, e assim por diante — o maior problema é a falta de comunicação entre eles e, sobretudo, a falta de tempo.

O excesso de medicamentos no organismo rouba cálcio, acidifica o sangue; provoca intoxicação, baixando as defesas imunológicas; libera radicais livres e causa envelhecimento precoce. E mais: apesar de haver tantos medicamentos e se depositar tamanha confiança neles, ainda continuam a surgir novas doenças raras. Hoje, embora tenhamos à disposição toda essa tecnologia e possamos contar com especialistas nas mais diversas áreas, verificamos que muitas enfermidades que pareciam extintas estão reaparecendo em vários países, entre as quais a tuberculose, a varíola, a dengue, a febre amarela, a doença de Chagas e até mesmo a poliomielite (paralisia infantil).

No Brasil, tudo leva a crer que o problema não está totalmente sob controle: a Fundação Oswaldo Cruz estima em 24 mil o número anual de mortes por intoxicação medicamentosa.*

**Fonte*: Revista *Superinteressante*, maio de 2001, artigo intitulado "A medicina doente", por Jomar Morais.

Contudo, como não há fiscalização rigorosa no país, acredita-se que esse número corresponda apenas à metade da quantidade real de óbitos.

O riso como uma importante terapia

Quem vive "de cara amarrada" tem muito mais chances de ficar doente. O riso é um santo remédio para tornar a vida muito mais gostosa.

O riso nos faz fortes. Ao rir, nos colocamos acima dos problemas, ficamos em condições de encará-los. Além disso, o riso é um excelente antídoto contra a dor e a obsessão. Dr. Eduardo Lambert, no livro *A terapia do riso* (São Paulo: Pensamento) garante que o riso é um anestésico forte contra a dor e deixa as pessoas em ótimas condições físicas e psíquicas para enfrentar a vida.

Quando rimos, movemos mais de quatrocentos músculos e oxigenamos os pulmões, além de estimularmos a circulação sangüínea. O riso libera todo tipo de hormônio e substâncias benéficas, deixando o corpo em perfeito estado. E mais: queima calorias, pode quadruplicar a capacidade pulmonar, acelera o ritmo cardíaco, aumenta a salivação e ativa os músculos de movimento involuntário.

Os cientistas dizem que cinco minutos de riso equivalem a 45 minutos de ginástica aeróbica, enquanto uma hora de estresse equivale a cinco horas de trabalho físico intenso e não gratificante.

Não segure o riso — ele é um santo remédio e é de graça

Uma sessão de riso aumenta a imunidade do organismo contra doenças. Rir eleva a produção de interferon (como já disse, essa substância auxilia nossas células de defesa no combate a ataques virais e a células cancerígenas).

Uma risada bem dada é tão ou mais benéfica que uma atividade aeróbica: os ritmos cardíaco e respiratório aumentam e há liberação dos hormônios que melhoram o estado de ânimo e a oxigenação do corpo.

Rir é uma massagem completa. Mexe com os músculos do abdome e com todos os órgãos internos. Depois de uma sessão de riso, você fica completamente relaxado.

Comece a contar quantas risadas você dá diariamente. Pesquisas mostram que rir cem vezes ao dia equivale a remar por dez minutos. Que tal uma tarde inteira de gargalhadas em vez de ir à academia? Saiba que passar cerca de seis horas rindo corresponde a quatrocentos metros de nado e a vinte minutos de corrida. Há maneira melhor de se livrar das calorias? Outros estudos constataram que pessoas que riem muito também conseguem perder peso porque provavelmente diminuem seu nível de ansiedade e passam a comer menos.

Se estiver com dor de cabeça, pare de se lamentar e comece a rir. O riso faz com que o cérebro produza endorfina, uma substância química natural que alivia a dor.

Sorria, assim você não pensará em fazer plástica tão cedo. Há quem acredite que sorrir causa rugas. Verdadeiro engano. As rugas que aparecem quando você sorri são de expressão. Logo após um delicioso ataque de riso, ocorre uma distensão nos músculos faciais, uma espécie de uma ginástica; com isso, a pele fica muito mais bonita.

A risada funciona como um antídoto para o estresse. Depois de um dia cansativo de trabalho, nada como umas boas gargalhadas para aliviar a tensão: elas exercitam os músculos do rosto, dos ombros e do diafragma. E fazem com que você movimente a musculatura dos braços e das pernas; enfim, lhe proporcionam um exercício completo.

Deus dá, mas quem conserva é a gente!

Epílogo

Escrevi este livro com o propósito de demonstrar que todas as pessoas são emocionais e que podem desenvolver e fortalecer seus desejos e sentimentos mais íntimos, para tornarem sua vida mais útil e feliz. Espero estar proporcionando a cada um a oportunidade de fazer um julgamento de si próprio sem fraqueza, sem vaidade, sem orgulho, livre de presunção, culpa ou injustiça, e medindo seus valores com pesos legítimos.

Você viu nesta obra a descrição do processo pelo qual pode fazer uso consciente das diferentes partes do seu cérebro. Não de forma isolada, mas trabalhando de maneira integrada através do equilíbrio mental, emocional e físico.

É como se você tivesse feito a leitura inicial do alfabeto. Agora, tendo aprendido a combinar as letras e a soletrá-las, com o tempo começará a ler e a escrever; daí em diante, será capaz de produzir e se destacar, realizando palestras e conferências, escrevendo teses e até obras literárias. Uma vez que as partes do cérebro em desenvolvimento tenham assimilado a lição e sua aplicação prática, você aprenderá os processos mais facilmente e assim lhe será possível materializar todos os seus desejos e transformar a realidade à sua volta.

Lembre-se sempre de que você está se preparando para ser o senhor de suas emoções, e não escravo delas. A sabedoria está destinada a todos aqueles que desejam firmemente abrir os olhos para a luz.

Nas suas mãos está o ingresso para uma viagem a uma nova dimensão, que não é só da mente, mas também do sentimento. E, como resultado, sua alegria magnetizará todos os acontecimentos em sua vida!

O autor

LUIZ CARLOS AMORIM nasceu em Brasília (DF), em 29 de maio de 1964. Aos dez anos, assistiu pela televisão a uma apresentação de Uri Geller e disse aos pais: "— Tudo o que ele consegue fazer eu também consigo." Logo depois, constatou-se que o menino estava certo.

Em 1984, após manter contato com diversos centros e universidades de parapsicologia no mundo inteiro, submeteu-se a baterias de testes de paranormalidade em alguns países. Seus dons foram pesquisados por cientistas ingleses da Society for Psychical Research, do King's College e do Birbeck College, da Universidade de Londres, entre outros. Depois disso, foi reconhecido como o paranormal da década por cientistas europeus — provara que seus poderes extrapolam a capacidade de compreensão humana. No Brasil, a paranormalidade do autor está sendo pesquisada pelo Núcleo de Estudos de Fenômenos Paranormais, da Universidade de Brasília. Também pela UnB, Luiz Carlos Amorim promove o Curso de Extensão Universitária intitulado "O Despertar do Dom Paranormal".

A partir de meados da década de 1980 iniciou uma trajetória de grandes trabalhos, comprovando que seus dons não se resumem à capacidade de entortar talheres, partir moedas, adivinhar palavras escritas por outras pessoas e atravessar agulhas no corpo sem sentir dor ou perder sangue.

A paranormalidade de Luiz Carlos Amorim transita por canais secretos da parapsicologia mundial e é utilizada para localizar poços de petróleo e jazidas minerais, elucidar crimes, encontrar pessoas desaparecidas ou seqüestradas, desarmar mísseis localizados em regiões longínquas e acelerar os batimentos cardíacos de uma pessoa por meio do que se denomina controle e manipulação da consciência humana através de técnicas de energização. Além disso, o autor presta apoio a empresas, participando de atividades nas áreas de medicina, direito, psicologia, engenharia e arqueologia. Amorim realiza conferências e demonstrações de paranormalidade nos Estados Unidos, na Europa, Austrália e África.

Entre os títulos que já recebeu destacam-se o de "Personalidade Brasileira dos 500 Anos", concedido pelo Centro de Integração Cultural e Empresarial do Estado de São Paulo, e o de "Destaque 2000 de Brasília".

Este é seu terceiro livro. Nos anteriores, o tema central é o despertar dos lados direito e esquerdo do cérebro pela utilização do poder da mente humana e seus desdobramentos. Em sua primeira obra pela editora Rosa dos Tempos, *Jogando com sorte*, ele ensina um conjunto de técnicas de sobrevivência em tempos de crise, apresentando exemplos práticos que ajudam o leitor a tornar sua vida um jogo fascinante e cheio de vitórias. Seu segundo livro por esse selo, *O despertar do sonho: Reconstruindo sua história*, apresenta uma compilação de novas técnicas de expansão da mente e do autocontrole, visando à elevação da inteligência emocional e à conquista da felicidade pessoal.

Contatos com o autor podem ser feitos pelo e-mail juiz@pop.com.br ou pelo telefone (61)561-2277.

"Um paranormal brilhante. Seus dons podem fazer com que no futuro a humanidade se sinta obsoleta."

Erich Wunderli, parapsicólogo e pesquisador inglês.

"Luiz Carlos Amorim não é capaz somente de um único e bizarro feito —, mentalmente ele isolou o átomo; mas seus dons são mais úteis do que o poder do átomo, uma vez que se esforce e adquira os controles necessários para isto."

Irene Zelack, parapsicóloga formada pela Faculdade de Ciências Biopsíquicas do Paraná.

Este livro foi composto na tipologia Goudy Old Style, em corpo 11,5/16,5, e impresso em papel Off-Set 75g/m^2 no Sistema Cameron da Divisão Gráfica de Distribuidora Record.